Einsteins Vermächtnis

# Die Revolution der Physik

Die Auflösung des Welle/Teilchen-Paradoxons

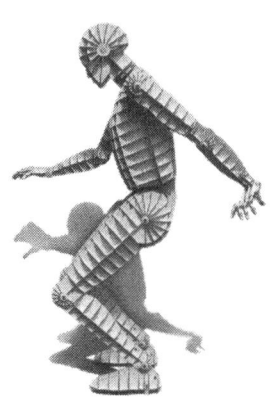

Es gibt keine Körper

Etwas Merkwürdiges geht vor in der Wissenschaft: Auf mysteriöse Art und Weise entziehen sich die beiden größten Rätsel der Natur beharrlich jedem fruchtbaren Zugang. Das eine ist die Frage nach der *Beschaffenheit der Realität* – das Rätsel der Quantenphysik, das keiner versteht. Das andere ist die Frage, *wie wir diese Realität wahrnehmen*. Das ist das Geheimnis des Geistes, des Denkens und der Sprache. Wie soll es auf die zweite Frage eine vernünftige Antwort geben, wenn die erste noch nicht einmal verstanden ist?

Die Lösung beider Rätsel verbirgt ein schlichtes Experiment, zu dem im Grunde noch nicht einmal Technik notwendig ist - das Doppelspaltexperiment. Seit Generationen verzweifeln Physiker reihenweise an der sinnvollen Interpretation dieses Versuchs. Er zeigt, daß Licht nicht aus Teilchen ("Körpern") bestehen kann. Besonders irritierend ist, daß dies auch für Materie gilt, und sogar auf einzelne Photonen, Elektronen und Atome zutrifft. Das versteht niemand: Wenn materielle Strukturen keine "Körper" sind und nicht aus "Körpern" bestehen können - und auch das Wellenmodell nicht taugt, um die energetischen Strukturen von Strahlung und Materie zu verstehen - wie sind die *Strukturen der Realität* dann beschaffen? Das ist das Welle/Teilchen-Paradoxon, vor dem bisher jeder Physiker das Handtuch werfen musste. Auch Albert Einstein erging es nicht anders - aber er sah ein Problem, wo andere überhaupt keins sahen: Er hielt dieses Paradoxon für das größte Rätsel der Physik und war sich schon 1917 sicher *"dass der eigentliche Witz, den uns der ewige Rätselgeber da vorgelegt hat, absolut noch nicht begriffen ist."* Obwohl er bis zu seinem Lebensende unermüdlich danach suchte, gelang es ihm nicht, die Lösung zu finden.

Die meisten Physiker halten die Auflösung des Paradoxons jedoch für *prinzipiell* unmöglich. Sie folgen dem Credo einer naturphilosophischen Interpretation, die 1927 von Niels Bohr, Werner Heisenberg und Max Born gegeben und als *Kopenhagener Deutung* bekannt wurde. Seitdem wird sehr viel Mühe darauf verwendet, jedem Schüler, jedem Physikstudenten und jedem Leser populärwissenschaftlicher Literatur beizeiten klarzumachen, daß das Doppelspaltexperiment nicht logisch erklärbar und diese Unlogik in der Natur begründet sei. Das kann man widerspruchslos hinnehmen - oder bei entsprechendem Temperament als völlig unakzeptablen Konditionierungsversuch empfinden. Tatsache ist: Die Natur zeigt ihr Gesicht, doch Physiker verstehen sie nicht... Seit 75 Jahren befindet sich die Physik in einem tiefen erkenntnistheoretischen Winterschlaf. Das mag als radikaler persönlicher Standpunkt empfunden werden, ist aber die gleiche Position, die Albert Einstein vertreten hat.

Sein Vermächtnis wird aufs Beste von der Auflösung des Welle/Teilchen- Paradoxons bestätigt, die ganz im Sinne Einsteins erfolgt und hier erstmalig der Öffentlichkeit vorgestellt wird. Die Lösung ist einfach und revolutionär. Sie offenbart, das die Physiker mit ihrem ruhmlosen Abschied von Albert Einstein und der kritiklosen Akzeptanz der Kopenhagener Deutung die einmalige historische Chance versäumt haben, das Rätsel der Beschaffenheit der Natur *und* das Rätsel des Geistes zu lösen, auf das sie mit der Quantenphysik gestoßen sind...

Mario Wingert

**Einsteins Vermächtnis**
# Die Revolution der Physik
**Die Auflösung des Welle/Teilchen-Paradoxons**

ISBN 3-8330-0766-4
Herstellung: Books on Demand GmbH

# Inhalt

# 10 Thesen zur Revolution der Physik

1. Das Doppelspaltexperiment kann mit den bekannten physikalischen Modellen der Realität *nicht* erklärt werden. Daraus folgt das Welle/Teilchen-Paradoxon, daß ein ontologisches *und* sinnliches Verständnis der Elementarstrukturen von Licht und Materie völlig unmöglich macht.

2. Die Kopenhagener Deutung (1927) geht davon aus, daß es dem Denken *prinzipiell* nicht möglich sei, diesen Widerspruch aufzulösen. Obwohl die klassischen Modelle am Doppelspalt und am Atom eindeutig versagen, erklärt sie die in den *klassischen Begriffen* beschreibbaren *Dinge* und *Vorgänge* zur Voraussetzung der Realitätsmodellbildung und des Ontologieverständnisses. Das ist nicht konsistent, führt zu einem zweifelhaften Kompromiß zwischen Quanten- und Körperphysik und zum völligen Verlust einer widerspruchsfreien Realitätsauffassung.

3. Doch nur unter dieser Voraussetzung kann das vollständige Scheitern der *Körperphysik* Newtons und der klassischen *Wellentheorie* des Lichts an der Beschaffenheit von Licht und Materie als „partielles Versagen" im „submikroskopischen Bereich" der Natur interpretiert werden.

4. Das Welle/ Teilchen-Paradoxon läßt sich auflösen, wenn wir für diesen Widerspruch allein die *sinnlichen Körpervorstellungen* verantwortlich machen und deren Scheitern bedingungslos auf die *gesamte* Natur anwenden, ohne an ihrer Realität zu zweifeln - Materie, Strahlung, makroskopische *und* lebende Strukturen ausdrücklich eingeschlossen.

5. Dann kann der „physikalische Körper" keine ontologische Kategorie und die *sinnlich vollkonturierende* Körpervorstellung nur das Produkt der speziell menschlichen Wahrnehmung sein, die wir *Denken* nennen. Damit gewinnen wir nicht nur einen fruchtbaren Zugang zur Physis der Natur, sondern auch zur Natur des Geistes.

6. Physikalisch gesehen *fehlt* dann ein ontologisches Prinzip. Es verbirgt sich, wie Einstein schon 1909 prognostizierte, direkt hinter dem Welle/Teilchen- Paradoxon. Um es zu entdecken, muß das Modell der Strahlungsausbreitung (im Doppelspaltexperiment) nur um etwas ergänzt werden, daß in der Lage ist, die *lokale* Emission und Absorption von Energie mit ihrer *globalen* Ausbreitung (durch zwei oder mehr Öffnungen) zu vereinbaren. Dieses Prinzip ist jetzt ohne Schwierigkeiten erkennbar: *Strahlungsenergie muß etwas sein, daß sich am Doppelspalt teilen und dennoch ein Ganzes bleiben kann.*

7. Das führt zur Idee, diesen Prozeß im Sinne der Selbstdifferenzierung eines Ganzen als *Energetische Verzweigung* aufzufassen: Strahlung verzweigt sich am Doppelspalt in enantiomorphe *Energie-Antiparts*, die keine unabhängigen, separaten Einzelteile im Sinne der Mechanik, sondern zusammenhängende Bestandteile eines Ganzen sind. Sie strukturieren ein real existierendes Energiepotential, daß trotz beliebiger Ausdehnung nur *lokal* und *ganzheitlich* zur Wirkung kommen kann.

8. Eine *effektive* Wechselwirkung von Licht mit Materie bewirkt den Kollaps dieser energetischen Verzweigung - und führt zu neuen Verzweigungen in den energetischen Strukturen, die wir Materie nennen. Deren Zusammenbruch führt wiederum zur Emission von Strahlung.

9. Licht- und Materieenergie erweisen sich damit als Asymmetriestrukturen, die *wie* die lebenden Strukturen der Realität eine rechts/links- Spiegelssymmetrie (enantiomorphe Symmetrie) aufweisen, die ontologisch nur als Verzweigung gedeutet werden kann.

10. Der Prozeß der energetischen Verzweigung kann als strukturbildendes Prinzip interpretiert und mit einer *Zellteilung* illustriert werden. Damit wird ein (für die Physik) völlig neues ontologisches Grundprinzip postuliert, das den unbrauchbaren Körperbegriff ersetzt, universelle Gültigkeit in allen Bereichen der Natur beansprucht - und durch das Doppelspaltexperiment bereits nachgewiesen wird.

Auf die Grundideen kommt es bei der Aufstellung
einer physikalischen Theorie in erster Linie an.
In wissenschaftlichen Werken über Physik wimmelt
es zwar von komplizierten mathematischen Formeln,
doch entspringt jede physikalische Theorie aus
einem Denkvorgang, einer Idee - und nicht etwa
aus Zahlengebilden (A. Einstein/ L. Infeld 1938)

## 1. Das Dilemma der Physik

Zunächst sei daran erinnert, daß das Doppelspaltexperiment mit den bekannten physikalischen Modellen der Realität *nicht* erklärt werden kann. Daraus folgt das Welle/Teilchen-Paradoxon, das ein anschauliches *und* ontologisches Verständnis der Strukturen von Licht und Materie völlig unmöglich macht. Während Albert Einstein die Aufhebung dieses Widerspruchs durch ein neues, noch zu findendes Modell bereits 1909 für möglich und notwendig hielt, lieferten Niels Bohr und Werner Heisenberg mit der Kopenhagener Deutung 1927 eine Philosophie, die sich mit diesem Widerspruch unter Verzicht auf eine klare Bestimmung der *Seinsqualität* der Natur arrangierte. Seitdem gilt die Auflösung des Welle/ Teilchen Paradoxons als unmöglich - und unnötig. Einstein bestand jedoch darauf, daß die Physik nicht nur *praktisch*, sondern auch *theoretisch* von der realen Existenz der Natur ausgehen muß. Das heißt, daß es eine wie auch immer geartete *Ontologie* (Seinsqualität, Beschaffenheit) der Strukturen der Realität geben muß - sie zu erkennen, sei die Aufgabe der Physik. Mit der Kopenhagener Deutung ist die Physik dazu nicht mehr in der Lage: Wenn es nicht möglich ist, das Welle/Teilchen-Paradoxon aufzulösen, ist es *prinzipiell* unmöglich, eine grundlegende Theorie der *Physis der Natur* zu liefern. Für Einstein war das ein absurder Zustand, in dem sich die Physik nun befand – an dieser Stelle trennten sich die Wege von Einstein und Bohr. Seitdem besteht das Rätsel der Quantenphysik aus der Frage, ob die Natur ohne Bewußtsein (!) überhaupt real existieren kann, und wenn ja, *wie* diese Realität beschaffen ist. Obwohl der erste Teil der Frage völlig absurd erscheint und die Quantenmechanik weder willens noch fähig ist, den zweiten Teil der Frage widerspruchsfrei zu beantworten, glauben die meisten Menschen, daß die Physik ausreichend präzise Modelle für ein grundlegendes Naturverständnis biete. Tatsache ist jedoch, daß sie sich außerstande sieht, das Wesen der physikalischen Realität zu erfassen oder eine *Theorie der Beschaffenheit* der Natur zu liefern...

8

Alle bahnbrechenden Ideen in der Naturwissenschaft wurden geboren aus dem dramatischen Konflikt zwischen der Wirklichkeit und unseren Bemühungen, sie zu begreifen. Hier haben wir wieder eines der Probleme vor uns, zu deren Lösung es neuer Prinzipien bedarf.
(A. Einstein/ L. Infeld 1938)

## 2. Das Doppelspaltexperiment

Ein schlichter Versuch, zu dem noch nicht einmal Technik notwendig ist[1], stellt noch immer den ultimativen Test für das Erklärungsvermögen physikalischer Theorien zur Beschaffenheit der Realität dar. Das Prinzip ist einfach. Es besteht aus zwei Öffnungen, Materie dazwischen und Licht: Sonnenlicht strahlt durch eine Blende, die zwei kleine, dicht benachbarte Öffnungen hat (Skizze 1). Im Labor wird dann eine elektrische Lichtquelle verwendet, die monochromatisches Licht aussendet (Skizze 2). Strahlt Licht durch beide Öffnungen, erzeugt es auf dem Schirm ein Streifenmuster aus Licht. Dieses Phänomen wird als *Interferenz* oder *Überlagerung* bezeichnet. Helle und dunkle Bereiche sind deutlich voneinander getrennt, an bestimmten Arealen kommt also keine oder kaum Lichtenergie an. Verdeckt man jedoch eine Öffnung, verschwindet das Streifenmuster (Skizze 3). Hinter der anderen Öffnung verbleibt nur ein normaler, gleichmäßiger Lichtfleck. Damit gelangt Licht nun auch an die Stellen, wo bei zwei

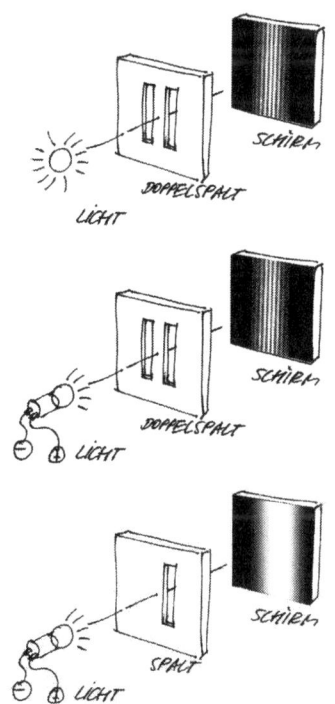

---

[1] Thomas Young stach zwei kleine Löcher in einen dunklen Vorhang, so dass das Licht der Sonne auf der gegenüberliegenden Wand das Interferenzmuster zeigte (1801). Von August Fresnel ist nicht nur die mathematische Wellentheorie des Lichts (1827), sondern auch das „Taschen-Lichtspaltexperiment" überliefert: Man nehme die Hand aus der Hosentasche und halte sie so gegen das Licht, dass zwischen zwei Fingern durch einen kleinen Spalt an der Handwurzel noch etwas Licht fällt. Bei genauem Hinsehen kann man dann mit bloßem Auge eine dunkle Linie erkennen, die wie die Saite einer Harfe senkrecht im Lichtspalt steht. Bei näherem Hinsehen scheint sich diese Linie zu teilen...

Öffnungen überhaupt kein Licht ankommen konnte, wo vorher die dunklen Streifen waren. Das ist eigentlich schon alles - und das tiefste Rätsel der Natur. Es ist bis heute unverstanden.

Das gleiche Interferenzmuster entsteht, wenn das Doppelspaltexperiment (oder ein im Prinzip ähnlicher Versuch) mit Strahlung durchgeführt wird, die aus Elektronen, Protonen, Neutronen oder Atomen „bestehen" soll. Da klingt schon in sich widersprüchlich und hat damit zu tun, daß zwar bekannt ist, daß Materie in Strahlungsenergie umwandelbar ist; aber nicht bekannt ist, warum sich Materieenergie *normalerweise eben nicht* wie Strahlung ausbreitet, sondern dicht zusammenballt und stabile Konfigurationen bildet, die wir Atome, Moleküle oder materielle Strukturen nennen. Diese Unwissenheit ist so groß, daß *Materie* (Körper) und *Strahlung* (energetische Felder) nach wie vor als grundlegend verschiedene Modelle der physikalischen Realität gelten.

Das Doppelspaltexperiment zeigt jedoch, daß physikalisch-ontologisch kein Unterschied existiert: Materieenergie breitet sich in diesem Versuch wie Licht (elektromagnetische Strahlung) aus, geht durch beide Öffnungen zugleich und interferiert. Es entsteht das gleiche Interferenzmuster. Das gilt auch für Prozesse, bei denen nur *einzelne* „Lichtblitze", „Elektronen" oder „Atome" ausgesandt werden. Allerdings lassen sich dann auch nur einzelne, lokale Wirkungen auf dem Schirm registrieren, wobei der konkrete Ort der Wirkung nicht vorausgesagt werden kann. Von einem Interferenzmuster ist also nichts zu sehen. Registriert man diese Orte jedoch über viele Einzelereignisse hinweg, bilden die Markierungen wieder das bekannte Interferenzmuster auf dem Schirm. Da ein einzelner Auftreffpunkt immer dort liegt, wo bei längerer Strahlungsdauer die hellen Streifen des Interferenzmusters auftauchen würden, müssen auch „einzeln" ausgesandte Energiemengen beide Öffnungen durchquert und *mit sich selbst* interferiert haben. Das bedeutet, daß die Interferenzerscheinungen nicht von der Energiemenge (der Intensität der Strahlung) abhängen können und Energie immer nur als Ganzes und lokal zur Wirkung kommt.

Das Interferenzstreifenmuster, ob als Momentanerscheinung scheinbar gleichzeitiger oder über die Zeit gemittelte Statistik aufeinanderfolgender Ereignisse - in der *Zeit* also gar keine Rolle spielt - ist eine reale, beobachtbare Tatsache. Es verweist auf die gemeinsamen Merkmale der *Beschaffenheit* von energetischen Strukturen, die als Strahlung und Materie so grundverschieden erscheinen. Offensichtlich hat Interferenz weder mit *Zeit* noch mit der *Anzahl* von Ereignissen zu tun, sondern ist Ausdruck einer energetischen Struktur, die sich unabhängig von der Energiemenge bei jeder Durchquerung des Doppelspalts ausbildet. Die Ursache der Interferenz liegt in der Existenz von *zwei* Wegen, die der Energiestrahlung zu Verfügung stehen. Das bedeutet, daß weder Licht(energie), noch Materie(energie) aus Körpern *bestehen* kann: Ein Körper oder eine Partikel kann nicht zugleich durch beide Öffnungen gehen, *ohne sich zu teilen.* Ebensowenig, wie ein Ball durch zwei Fenster gleichzeitig fliegen kann oder ein Radfahrer ein Hindernis auf beiden Seiten zugleich umfahren kann (Skizze 4). Ein Teilchen würde also mal durch die eine, mal durch die andere Öffnung gehen, aber niemals durch beide zugleich. Wenn Licht aus körperhaften Partikeln bestehen würde, müßte hinter jeder Öffnung ein normaler Lichtfleck entstehen - bei einer Öffnung einer, bei zwei Öffnungen zwei. Das gilt auch, wenn der Körper sich teilen

könnte. Es würden Bruchstücke entstehen, die selbst wieder Körper sind. Zu beobachten ist jedoch ein Interferenzstreifenmuster, das nur damit erklärt werden kann, daß die Energie durch beide Öffnungen *zugleich* gelangt und sich *deshalb* selbst überlagert, was zu streifenförmiger Auslöschung und Verstärkung führt. Aus diesem Grund kann die Beschaffenheit (Ontologie) von Strahlung und Materie nicht mehr mit *Körpervorstellungen* erklärt werden.

Das Streifenmuster verschwindet nicht nur durch die Blockade einer der beiden Öffnungen, sondern kollabiert bei jeder effektiven Wechselwirkung mit Materie. Das kann, wenn beide Spalte offen sind, eben der Schirm selbst sein (das wird bei einem Einzelemissionsereignis als Lichtpunkt oder punktförmige „Elektronenwirkung" sichtbar) oder ein beliebiger Gegenstand, der in einen der beiden Strahlwege gehalten wird - ein Pappstreifen, eine Hand, irgendetwas. Stellt man z.B. hinter einer Öffnung einen lichtempfindlichen Detektor auf, bricht die Interfe-

11

renz zusammen (das Streifenmuster verschwindet) - immer dann, wenn der Detektor Licht *registriert*, also Strahlungsenergie verzehrt. Das gleiche gilt im Prinzip auch für Elektronen, Atome usw. Jede Energieübertragung oder *energetisch effektive Wirkung* besteht aus einem Absorptionsereignis, das zum Zusammenbruch des Interferenzmusters führt.

Mit diesem Interferenz-Kollaps, der bei Einzelereignissen besonders deutlich wird, scheitert auch das klassische *Wellenmodell* des Lichts. Es wurde von Huygens (1690), Young (1801), Fresnel (1827) und Maxwell (1864) eigens entwickelt, um die Interferenzerscheinungen des Lichts erklären zu können. Das Scheitern des Wellenmodells in der modernen Physik hat also nicht nur damit zu tun, dass elektromagnetische Wellen seit Einstein nicht mehr als Anregungen eines *stofflichen Mediums* (Äther) verstanden werden können. Schon Fresnels klassische Wellentheorie des Lichts (mit Äther) und Maxwells elektromagnetische Theorie (auch ohne Äther) bereiten Probleme:
Es sind vor allem die Vorstellungen von der Ausbreitung der Strahlung und damit verknüpfte Energieerhaltungsprinzipien, die an der Realität versagen. Die elektromagnetische Theorie Maxwells kann aus Energieerhaltungsgründen die Absorption von Strahlungsenergie durch ein lokales Ereignis nicht mit der *kontinuierlichen* Ausbreitung der Strahlungsenergie in alle Raumrichtungen vereinbaren, die sich dabei auf immer größer werdende Raumbereiche verteilen müsste und an allen denkbaren (theoretisch unendlich vielen) Punkten Wechselwirkungen von Materie mit entsprechend verdünnter Energie gestatten sollte. Mit anderen Worten: Wenn Licht sich von einem Punkt in alle Raumrichtungen gleichmäßig und kontinuierlich ausbreitet, wie Maxwell annahm, sollten alle möglichen Beobachter, verteilt über eine Kugel gedacht, *gleichzeitig* das *gleiche* Licht wahrnehmen können (Skizze 5). Wenn für Wechselwirkungen von Lichtenergie mit Materieenergie jedoch Energieerhaltungsprinzipien gelten sollen, werden diese damit verletzt: Um so mehr Beobachter (absorbierende mate-

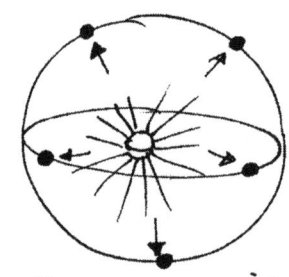

*5 VON UNENDLICH VIELEN MÖGLICHEN WECHSELWIRKUNGS-PUNKTEN...*

12

rielle Strukturen) beteiligt sind, um so mehr Energie (theoretisch unendlich viel) müsste verzehrt werden können - und von der Strahlungsquelle geliefert werden. Ein offensichtlich absurdes Ergebnis. Also sollte die Energiedichte irgendwann so gering sein, das Wechselwirkungen überhaupt nicht mehr möglich wären (keiner würde Licht sehen). Nach diesen Vorstellungen sollten die Wechselwirkungen zwischen Licht und Materie also von der *Intensität* des Lichts (der Energiemenge) abhängen.

Bis 1915 waren die meisten Physiker noch der Ansicht, dass die Ausbreitung des Lichts *kontinuierlich und homogen* in alle möglichen Raumrichtungen zugleich erfolge und Maxwells Gleichungen die Natur der elektromagnetischen Strahlung *vollständig* abbilden. Bereits 1900 war es Max Planck jedoch gelungen, die Gleichung der Wärmestrahlung passend zu machen, indem er eine mathematische Konstante einfügte. Die bedeutete allerdings, das Strahlungsenergie nicht kontinuierlich, sondern nur in diskreten Mengen abgegeben werden kann. Während Planck noch nach der Bedeutung dieser Formel suchte und eine Erklärung im Sinne der Kontinuumstheorie zu finden hoffte, behauptete der 25-jährige Albert Einstein 1905, daß die Wechselwirkung von Licht mit Materie deshalb nicht von der Intensität des Lichts abhänge, weil Licht eine *energetische Struktur* habe und aus diskreten Energiemengen *bestehe*, die unabhängig voneinander wirken können und immer nur ein bestimmtes Quantum an Energie *lokal* übertragen:

*„Es scheint mir nun in der Tat, dass...die Erzeugung und Verwandlung des Lichts betreffende Erscheinungsgruppen besser verständlich erscheinen unter der Annahme, dass die Energie des Lichts diskontinuierlich im Raume verteilt sei. Nach der hier ins Auge zu fassenden Annahme ist bei Ausbreitung eines von einem Punkte ausgehenden Lichtstrahles die Energie nicht kontinuierlich auf größer und größer werdende Räume verteilt, sondern es besteht dieselbe aus einer endlichen Zahl von in Raumpunkten lokalisierten Energiequanten, welche sich bewegen, ohne sich zu teilen und nur als Ganze absorbiert oder erzeugt werden können."[2]*

---

[2] Albert Einstein: Über einen die Erzeugung und Umwandlung des Lichts betreffenden heuristischen Gesichtspunkt. 1905

Wie sollte man sich das vorstellen? Wenn die Energie in Raumpunkten lokalisiert ist und diese Punkte sich bewegen, ohne sich zu teilen - muß die energetische Struktur des Lichts dann nicht zwangsläufig als Partikelstruktur interpretiert werden? Einstein war sich dieses Widerspruchs durchaus bewußt, da Interferenz mit Körpervorstellungen nicht erklärt werden kann. Zwar illustrierte er seine Darstellung später mit "Energiepartikeln", sprach aber stets davon, das Strahlung sich so verhalte (wirke), *als wenn sie aus Partikeln bestünde.* Immer wieder verwies er auf den *„provisorischen Charakter dieser Hilfsvorstellung"*[3] und dokumentierte sein Problembewusstsein schon 1909 mit der Prognose:

*„Die nächste Phase der Entwicklung der theoretischen Physik wird uns eine Theorie des Lichts bringen, welche sich als eine Art Verschmelzung von Undulations- und Emissionstheorie des Lichts auffassen lässt: Weder kontinuierliche Wellen noch diskrete Energiequanten - sondern ein noch unbekanntes Drittes in einer gleichfalls noch unbekannten Verschmelzung beider Aspekte".*[4]

Einsteins Idee, das plancksche Energie-Wirkungs-Quantum auf eine ontologische (real vorhandene) Struktur der Strahlungsenergie zurückzuführen und deren Eigenschaften aus Entropie- und Energieprinzipien mathematisch herzuleiten, beruhte auf dermaßen unklaren anschaulichen Vorstellungen, daß *zwanzig* Jahre lang kein Physiker bereit war, ihm darin zu folgen. Vor allem deshalb, weil die angebotenen „Hilfsvorstellungen" mit den Interferenzerscheinungen völlig unverträglich waren. Doch unabhängig von den passenden anschaulichen Vorstellungen - die offensichtlich erst noch zu finden waren - konnte Einstein schlüssig zeigen, daß nur eine Theorie der strukturellen Beschaffenheit des Lichts in der Lage war, die Wechselwirkungen von Strahlung mit Materie widerspruchsfrei zu erklären.

Nach zehn Jahren experimenteller Auseinandersetzung mit der Quantenhypothese und dem photoelektrischen Effekt kam Robert Millikan 1915 nicht mehr umhin, *„ihre unzweifelhafte Verifikation zu bestätigen, und dies trotz ihrer Unvernünftigkeit, denn sie schien alles zu verletzen,*

---

[3] Solvay-Konferenz 1911
[4] Vortrag auf der Versammlung der Naturforscher und Ärzte in Salzburg 1909

*was wir über die Interferenz des Lichts wussten.*" Damit waren Einsteins „erfinderischen" Annahmen und Gleichungen zu einer *Struktur der Strahlung* experimentell bestätigt - doch die Vorstellungen zur Beschaffenheit dieser Struktur nach wie vor ungeklärt. Dabei ist es bis heute geblieben.

Daran konnte auch das Compton-Experiment nichts ändern, das 1923 zeigte, dass die Wechselwirkung von Strahlung mit Materie Energie- und Impulserhaltungssätzen genügt und deshalb ihre Wirkung tatsächlich so modelliert werden kann, als *würde* Strahlung aus Energiepartikeln bestehen, die *wie* bewegte Körper Energie und Impuls übertragen. 1926 gingen die Physiker dann geschlossen dazu über, diese Energie-Wirkungs-Quanten der Lichtenergie unter dem Begriff *Photon* zusammenzufassen - und ab und zu als Teilchen zu imaginieren.

Zur gleichen Zeit begann sich jedoch der *Körperbegriff* aufzulösen, mit dem man glaubte, *Elektronen* und *Atome* als Teilchen oder Partikel charakterisieren zu können (Partikel oder Teilchen sind ja nichts anderes als Körpervorstellungen). 1924 verblüffte Louis de Broglie seine Professoren mit der Hypothese, daß Elektronen - bis dahin selbstverständlich als Partikel mit negativer Elementarladung verstanden - auch als stehende Wellen oder Resonanzschwingungen (wie die einer eingespannten Gitarrensaite) aufgefaßt werden können. Es war Einstein zu verdanken, daß diese zunächst völlig abwegig erscheinende Idee nicht verworfen, sondern entsprechend gewürdigt wurde. Das blieb nicht ohne Auswirkungen auf das Atommodell:

Rutherford hatte 1910 ein Modell des Atoms entworfen, das auf Körpervorstellungen beruhte. In seinem Modell sollten negativ geladene Elektronen wie Planeten um einen positiv geladenen Atomkern kreisen. Der Theorie gemäß sollten bewegte Elektronen jedoch permanent elektromagnetische Strahlung (Licht) aussenden, müßten also ständig (Bewegungs-) Energie verlieren und ziemlich schnell in den Atomkern stürzen. Das war natürlich nicht der Fall: Atomare Strukturen erwiesen sich als (unerklärlich) stabil und sendeten nur unter bestimmten Bedingungen in schmalen Frequenzbereichen Licht aus, das schon seit Fraunhofer (1814), Kirchhoff und Bunsen (1859) mit Spektralananlysen untersucht werden konnte. Die Lichtspektren der Substanzen und Gase gaben Auskunft über ihre Beschaffenheit, über tiefere geordnete Strukturen – die man als Teilchen zu verstehen suchte. Niels Bohr, der sich wie Millikan zunächst völlig außerstande sah, Einsteins Quantenhypothese zu akzeptieren, konstruierte 1915 dann einen Kompromiß für das Körper-Atommodell, indem er Elektronen nur noch „quantisierte" Energiewerte zugestand. Diese diskreten Energieniveaus wurden als schalenartige (räumlich getrennte) Raumsegmente aufgefaßt. Die Elektronen sollten also nur noch auf ganz bestimmten Bahnen um das Atom kreisen können. Gibt das Atom Licht ab, springt das Elektron in eine näher zum Kern liegende Schale. Absorbiert ein Atom Licht, springt das Elektron auf ein höheres Energieniveau, in einen *anderen* Orbit.

Dieses Schalenmodell konnte zwar Übereinstimmung zu den Spektralbobachtungen herstellen, war aber eindeutig eine Verletzung des Newtonschen Modells - der *Kontinuität des Raumes* - wofür jede vernünftige Begründung fehlte. Die lieferte nun de Broglie: Wenn man Elektronen als Wellen auffaßt, die stehende Schwingungen um den Atomkern bilden, ergeben sich die passenden Wellenlängen relativ zwanglos - und damit die erlaubten Energiewerte Bohrs. Das war verwirrend: Wenn Elektronen zur Materie gehören, sind sie „Materiewellen" und sollten dann auch Interferenz zeigen - was mit Körpervorstellungen wiederum völlig unvereinbar wäre.

Man hatte nun (1924) ein physikalisches Modell des Atoms, daß wie das Modell der Strahlung aus einem unerklärlichen Mix von Körper- und Wellenvorstellungen bestand und seltsamen energiequantisierenden Bedingungen unterlag. Körpervorstellungen waren zur Erklärung der Struktur des Atoms ungeeignet, und Wellen ohne quantisierende Zusatzbedingungen wertlos. Dieses Dilemma brachte der 24-jährige Werner Heisenberg 1925 auf den Punkt: Er behauptete, daß man bei der Modellierung des Atoms *prinzipiell* auf alle anschaulichen (Körper-) Vorstellungen verzichten müsse - ohne erklären zu können, warum. Er beschrieb die Elektronenstruktur des Atoms nur anhand einer mathematischen Matrix, die sich ausschließlich auf beobachtbare Strahlungserscheinungen, auf die Spektren von Emissions- und Absorptionsereignissen bezog.

16

Daß Körpervorstellungen unzulässig und falsch sind, wenn es um das Verständnis der *Beschaffenheit* der energetischen Strukturen der Natur geht, zeigt schon das Doppelspaltexperiment mit Licht: Absorptionsereignisse können dann nicht unter Voraussetzung der Gültigkeit der newtonschen Physik als „Stoßprozesse" von bewegten punktförmigen, dimensionslosen (!) „Körpern" imaginiert werden. Das Gleiche gilt nun auch für Atome: Atome sind keine Körper und können nicht aus Körpern bestehen. Das veranlaßte Ernst Schrödinger 1926, inspiriert durch Einsteins Arbeiten zur Quantentheorie des „einatomigen idealen Gases" und de Broglies Elektronenwellen, ein sogenanntes *Materiewellenmodell* zu entwickeln, das in der Lage war, die *energetisch-gequantelte Elektronenstruktur* des Wasserstoffatoms zu modellieren. Bald darauf gelang ihm der Nachweis, daß sein Wellenmodell mit Heisenbergs Matrizenmechanik mathematisch völlig äquivalent war.

Allerdings war seine Wellengleichung (die nicht-relativistisch war) nicht in der Lage, *Strukturveränderungen* durch die Emission oder Absorption von Licht zu modellieren. Außerdem konnte dieses Modell nicht im gewöhnlichen physikalischen Raum existieren, der noch immer als *dreidimensionaler* Raum verstanden wurde. Max Born deutete die Gleichung Schrödingers deshalb als eine rein mathematische Wahrscheinlichkeitsfunktion, die nur Aussagen darüber machen könne, mit welcher Wahrscheinlichkeit *das Elektron* in einem bestimmten Areal angetroffen werden könne.

Obwohl das Elektron eigentlich kein Teilchen im klassischen (Körper-) Sinne mehr sein konnte, wollte Born also wieder zur Physik Newtons zurückgehen und Quanten, Elektronen oder *energetische Wirkungen* als Teilchen interpretieren - und berief sich dabei auf Einsteins „Hilfsvorstellungen". Einstein verwahrte sich jedoch heftig dagegen. Wie war das alles zu verstehen? Weist das Welle/Teilchen-Paradoxon tatsächlich auf ein unbekanntes Drittes hin, auf eine völlig neue physikalische Theorie der Beschaffenheit von Strahlung und Materie, wie Einstein vermutete? Oder war die Physik mit der Quantentheorie an eine prinzipiell unüberwindbare Grenze der Anschaulichkeit und Vorstellungskraft gestoßen, wie Bohr und Heisenberg 1927 behaupteten?

Verstünde man wirklich den entscheidenden Punkt
der Quantenmechanik und ihre Notwendigkeit für
die Konstruktion der Welt, müsste man ihn in einem
einfachen, klaren Satz ausdrücken können
(John Wheeler 1971)

## 3. Die Kopenhagener Deutung

Niels Bohr und Werner Heisenberg gehen davon aus, daß es dem
Denken *prinzipiell* unmöglich ist, das Welle/Teilchen-Paradoxon aufzulösen. Gegen diesen *erkenntnistheoretisch* und *ontologisch* äußerst
unbefriedigenden Standpunkt leistete Einstein vehement Widerstand,
fand jedoch kaum Verständnis, noch selbst einen fruchtbaren Ansatz.
Das Bemerkenswerteste an der Kopenhagener Deutung ist jedoch, daß
das *Scheitern der Körpervorstellungen* bereits mit *Sprache* in Verbindung gebracht wird. Die Ursache für die Unfähigkeit, die Beschaffenheit
der Natur zu verstehen, liege nicht in der Geisteskraft der Physiker,
sondern in der Natur des Geistes:

*„...die Kopenhagener Deutung der Quantentheorie...[beginnt] mit einem
Paradoxon... Sie fängt mit der Tatsache an, dass wir unsere Experimente mit den Begriffen der klassischen Physik beschreiben müssen
und gleichzeitig mit der Erkenntnis, dass diese Begriffe nicht genau auf
die Natur passen. Die Spannung zwischen diesen beiden Ausgangs-
punkten ist für den statistischen Charakter der Quantentheorie verantwortlich. Es ist daher gelegentlich vorgeschlagen worden, man solle die
klassischen Begriffe vollständig aufgeben. Vielleicht könnte eine radika-
le Änderung unserer Begriffe... zu einer nichtstatistischen, völlig objek-
tiven Beschreibung der Natur zurückführen. Dieser Vorschlag beruht
aber auf einem Missverständnis.*

*Die Begriffe der klassischen Physik sind nur eine Verfeinerung der Be-
griffe des täglichen Lebens und bilden einen wesentlichen Teil der
Sprache, die die Voraussetzung für alle Naturwissenschaft bildet. Unsere wirkliche Lage in der Naturwissenschaft ist so, dass wir tatsächlich
die klassischen Begriffe für die Beschreibung unserer Experimente benützen und benützen müssen, denn sonst könnten wir uns nicht ver-
ständigen. Und die Aufgabe der Quantentheorie bestand eben darin,
die Experimente auf dieser Grundlage zu deuten."*[5]

---

[5] Werner Heisenberg: Physik und Philosophie, 1959

Implizit formulieren Bohr und Heisenberg damit bereits eine Aussage über die Art und Weise der *Wahrnehmung durch Denken*. Explizit berufen sie sich aber nur auf die Ungenauigkeit der Sprache und meinen damit vor allem das Versagen der mit den Begriffen verknüpften sinnlichen Vorstellungen - insbesondere der Körpervorstellung. Dennoch fassen sie *„die in den klassischen Begriffen beschreibbaren Dinge und Vorgänge, d.h. das Faktische, als die Grundlage jeder physikalischen Deutung"* auf.

Das ist *ontologisch* nicht konsistent - falls das Ziel der Physik darin bestehen sollte, widerspruchsfreie Modelle der *Physis* (Beschaffenheit) der Natur zu entwickeln. Und *erkenntnistheoretisch* wird das Denken damit - wie immer in der Wissenschaft - als nicht hinterfragbare Voraussetzung betrachtet. Dann allerdings kann das Versagen der Körpervorstellungen niemals *wissenschaftlich* geklärt werden – genau an diesem Punkt befinden wir uns noch heute.

Und nur diese Behauptung Heisenbergs gestattet es, das vollständige Scheitern der Körperphysik Newtons und der Wellentheorie des Lichts an den elementaren Strukturen von Strahlung und Materie als *„partielles Versagen"* im *„submikroskopischen Bereich"* der Natur zu interpretieren. Heisenberg betont, daß diese Interpretation keineswegs positivistisch zu verstehen sei, also nicht von den *„Sinneseindrücken des Beobachters als den Elementen des Geschehens"* ausgehe, sondern eine Realität (das Faktische) voraussetze.

Körpervorstellungen sind aber nichts anderes als Sinneseindrücke, die nun an der Beschaffenheit der Realität versagen. Wird das „Gegebene" trotzdem im klassischen Sinne aufgefaßt, werden *Körper* und *Wellen* weiterhin als *ontologische Modelle* der Realität betrachtet. Damit wird die Botschaft des Doppelspaltexperiments praktisch ignoriert. Das eigentliche Problem ist also die Frage, wie die Realität *beschaffen* ist, wenn sie *nicht* aus Körpern bestehen kann und auch die Wellenvorstellung nicht in der Lage ist, die Physis energetischer Strukturen oder punktartige energetische Wirkungen zu erklären. Das ist das Theorie-Paradoxon, daß bisher kein Physiker zu lösen vermochte. Auch die Kopenhagener Deutung kann (und will) dieses Problem nicht lösen.

Weil sie das nicht kann, aber die Existenz einer Realität nicht völlig verleugnen kann, erklärt sie die klassischen sinnlichen Vorstellungen - vor allem den Körperbegriff - zur Grundlage *jeder* physikalischen Interpretation der Realität. Wohl wissend, daß diese Begriffe nicht nur „nicht genau" auf die Natur passen, sondern an ihren elementaren energetischen Strukturen bereits vollständig versagen.

Damit wird der *Realitätsbegriff* zum eigentlichen Problem der Kopenhagener Deutung: Da Körperbegriff und Wellenmodell nach wie vor ontologischen Status - wenn auch nur abwechselnd und einander ausschließend - genießen, wird die Existenz einer Realität nun *theoretisch* geleugnet, sobald Körpervorstellung *und* Wellenmodell versagen. Das ist immer genau dann der Fall, wenn sich Interferenz- und Quantenerscheinungen zeigen. Diese Physik ist also nicht in der Lage, Interferenz zu verstehen, und blendet diese aus ihren Realitätsvorstellungen aus. Dann darf die „physikalische" Realität nur noch in Form von Körpern (Materie) oder Feldern (Strahlung) existieren.

Offensichtlich setzt die Kopenhagener Deutung die Gültigkeit der newtonschen Physik und eine real existierenden Körperwelt - eine Körperontologie - für jedes Realitätsverständnis und *jedes theoretische Modell der Realität* voraus. Körper und Wellen genießen trotz Doppelspaltexperiment einen ontologischen Status. Scheitern diese Modelle, kann nicht mehr sinnvoll von „Realität" gesprochen werden. Auf diese Weise wird der *denkende* Mensch mit seinen sinnlichen Vorstellungen zum Maßstab dessen, was unter Realität zu verstehen sei. Diese Logik ist nicht nur für Einstein nicht nachvollziehbar. Die Behauptung, daß die Strukturen der Realität mit dem Körperbegriff ontologisch verstanden werden können, wird durch das Doppelspaltexperiment „faktisch" eindeutig widerlegt. Damit beginnt der logische Drahtseilakt der Kopenhagener Deutung und das Dilemma der modernen Physik:

Da die Körpervorstellungen am Doppelspaltexperiment *eindeutig* versagen, kann der Prozeß der Strahlungsausbreitung zwischen Emission (Lichtquelle) und Absorption (Schirm) nicht mehr als Bahnbewegung eines *Körpers* in *Raum* und *Zeit* verstanden werden. Diese Tatsache nimmt die Kopenhagener Deutung zum Anlaß, jede anschauliche *und* ontologische Vorstellung zwischen Emissions- und Absorptionsereignis für unmöglich zu erklären - und spricht nur noch von einer abstrakten mathematischen Wahrscheinlichkeitsfunktion.

*„Daran erkennt man, daß die Aussage, das Lichtquant müsse entweder durch das eine oder durch das andere Loch gegangen sein, problematisch ist und zu Widersprüchen führt. Man erkennt an diesem Beispiel deutlich, dass der Begriff der Wahrscheinlichkeitsfunktion keine raumzeitliche Beschreibung dessen erlaubt, was zwischen zwei Beobachtungen geschieht. Jeder Versuch, eine solche Beschreibung zu finden, würde zu Widersprüchen führen. Dies bedeutet, dass schon der Begriff ´Geschehen´ auf die Beobachtung beschränkt werden muss".*[6]

Diese Auffassung von einem *interferierenden System* gilt nicht nur für das Doppelspaltexperiment, sondern auch für das Atom. Der Begriff *Geschehen* - das, was in der Realität passiert - betrifft hier offensichtlich Vorstellungen von bewegten Körpern im Raum, was gleichbedeutend ist mit „raumzeitlicher Beschreibung" in der Physik Newtons. Mit dem Scheitern der Körpervorstellung brechen also nicht nur die Annahmen von einer körperlichen Beschaffenheit der Natur zusammen, sondern auch die mit dem Körperbegriff verbundenen Vorstellungen von *Raum*, *Zeit* und *Bewegung*.

Auf diese Weise versagt die gesamte Körperphysik Newtons - am Doppelspalt und am Atom - und zwar vollständig. Das führt jedoch nicht zum Überdenken der ontologischen *Hypothese*, daß die Natur aus Körpern bestehe, sondern zu schwerwiegenden Irritationen im Realitätsverständnis. Existiert das Atom zwischendurch noch real? Kann zwischen Emissions- und Absorptionsereignis tatsächlich nicht mehr von Realität und realen Prozessen gesprochen werden? Am Beispiel des Doppelspaltexperiments wird deutlich, daß damit auch behauptet wird, daß das Modell Newtons *nur in dem ausgesparten Areal* zwischen Emissions- und Absorption versagt (Skizze 6).

---

[6] Werner Heisenberg: Physik und Philosophie, 1959

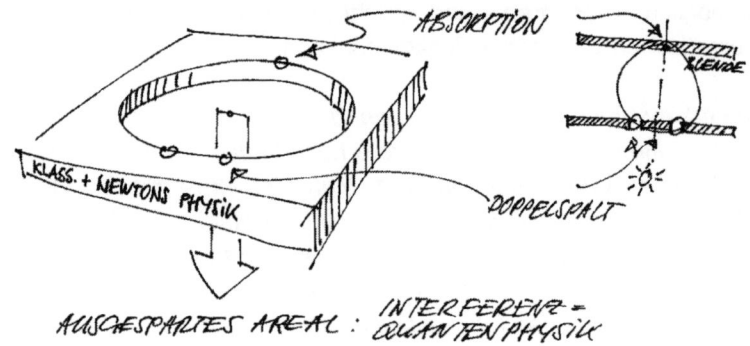

AUSGESPARTES AREAL : INTERFERENZ = QUANTENPHYSIK

Die Quantenphysik gilt nur im Bereich der Aussetzer. Das reale Geschehen zwischen Emissions- und Absorptionspunkt (hier der ausgesparte Kreis) wird mit einer mathematischen Gleichung umschrieben, der keinerlei Realität mehr entsprechen soll. Diese Willkür in der Realitätsauffassung ist schon anschaulich absurd: Im ausgesparten Areal befindet sich eine durchaus real existierende Blende mit zwei Löchern, die dann wie ein Hosenknopf auf einer nichtrealen Wahrscheinlichkeitsfunktion aufgefädelt sein müßte (Skizze 7). Offensichtlich ist jedoch, daß Strahlungsenergie vom Emissionspunkt zum Absorptionspunkt durch beide Löcher zugleich gelangen muß, sonst gäbe es kein Interferenzmuster. Warum soll das kein realer Prozeß, kein reales Geschehen sein?

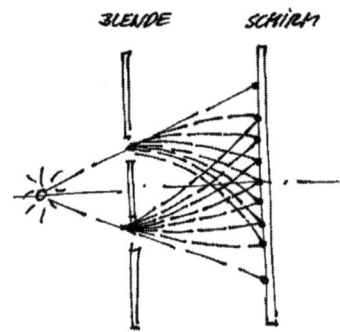

Die Kopenhagener Deutung interpretiert das Quadrat dieser mathematischen Funktion als *Wahrscheinlichkeit der Lokalisierbarkeit von Körpern*. Was die Mathematik jedoch wirklich *bedeuten* soll, läßt sich mit Körpervorstellungen nicht mehr vernünftig erklären. Selbstverständlich müssen beide Öffnungen im mathematischen Modell Berücksichtigung finden, um die Interferenzerscheinungen in Übereinstimmung mit der Realität richtig ausrechnen zu können. Wenn man sich ein Photon aber als Teilchen vorstellt, stellen die beiden Löcher nur merkwürdige *Alternativen* dar, die beide zur Interferenz beitragen müssen, obwohl ein Teilchen *entweder/ oder* nur durch ein bestimmtes Loch gehen kann (Skizze 8). Will man jedoch experimentell feststellen, durch welchen Spalt das Teilchen tatsächlich geht, kollabiert das Interferenzmuster, sobald hinter dem Spalt ein Quantum Energie registriert werden kann. Der Ausgang des Experiments, so Heisenberg und Bohr, hinge also davon ab, ob *es* beobachtet wird oder nicht. Wird *es* beobachtet, zeigt *es* Teilchencharakter; wird *es* nicht beobachtet, offenbare sich der Wellencharakter von Strahlung oder Materie...

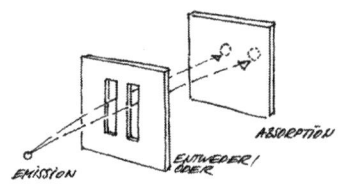

Klarer, wenn auch nicht ganz so poetisch ist folgende Erklärung: Der Ausgang des Experiments hängt davon ab, ob eine *effektive Wechselwirkung* zwischen Strahlung und Materie stattfindet. Der Kollaps des Interferenzmusters zeigt dann an, daß eine effektive Wechselwirkung zwischen Strahlung und Materie stattgefunden hat. Ein *wirksamer* Eingriff in die Interferenzstruktur *verändert also die Struktur der Strahlung* - und überträgt Energie an die „eingreifende" Materie, deren Struktur dabei ebenfalls verändert wird. Das ist das lokale Absorptionsereignis. Das passiert unabhängig davon, ob jemand das Experiment beobachtet oder nicht, denn mit Sicherheit können wir davon ausgehen, daß die Sonne den Schirm erwärmt, auch wenn kein Beobachter in der Nähe ist. Beobachten *wir* jedoch einen Lichtblitz oder die Lichtstreifen auf dem Schirm, so muß von dort *auch* Energie in unsere Augen gelangt sein. Dieses Lichtquant kann jedoch nicht dasselbe sein wie jenes, das die effektive Wechselwirkung (Erwärmung) mit dem Schirm hervorgerufen hat: Denn effektive Wechselwirkung bedeutet, daß diese Energiemenge durch Materie „verzehrt" wird.

Da die Kopenhagener Deutung nicht am Körperbegriff zweifelt, zweifelt sie an *der Realität* der Erscheinungen, die mit dem Körperbegriff nicht mehr verstanden werden können. Wegen dieser Mißachtung der Experimente - dem fortgesetzten ontologischen Gebrauch der Körpervorstellungen - werden die Begriffe *Realität* (Sein) und *Ontologie* (Seinsqualität der Realität) nach wie vor synonym gebraucht: Der Körperbegriff gilt als Inbegriff für „Materie" und „real existierendes", obwohl die Beschaffenheit von Strahlung und Materie nicht mehr mit Körpereigenschaften verstanden werden kann. Das führt zum völligen Verlust eines widerspruchsfreien Realitätsverständnisses. Besonders interessant ist, wie mit der Kopenhagener Deutung die real existierende (ontologische) Struktur der Strahlung - um die es Einstein ging - aus der Realitätsbetrachtung ausgeklammert wird. Damit wird der Prozeß der Interferenz, die Wechselwirkung von *Licht mit Licht* oder *Energie mit Energie*, wie sie am Doppelspalt und in atomaren Strukturen stattfinden muß, aus der physikalischen Wirklichkeitskonstruktion vollständig ausgeblendet - obwohl er sich in der Mathematik wiederfindet. Das führt zu einer merkwürdigen Philosophie und ebenso unklaren Vorstellungen von interferierenden oder verschränkten Teilchenzuständen.

Die Quantenphysik ist vor allem durch diese Wahrscheinlichkeitsfunktion gekennzeichnet, die das Phänomen der Interferenz nur mathematisch beschreibt. Die Übereinstimmung mit den Interferenzerscheinungen steht außer Frage - das war allerdings auch bei Fresnel schon so. Mathematik allein liefert offensichtlich noch keine vernünftige Erklärung. Die Quantenmechanik - die Quantentheorie in der Kopenhagener Deutung - verweigert nun aber prinzipiell jede Aussage *zur Beschaffenheit* der energetischen Strukturen, die sie mathematisch so erfolgreich modelliert und auch praktisch - dann ohne alle theoretischen Bedenken - mit aufwendigstem Equipment untersucht. Offenbar ist die theoretische Leugnung der Realität doch nicht ganz so ernst zu nehmen...

Doch genau dieser Widerspruch ist völlig absurd - und alleinige Ursache der Unverständlichkeit und Kompliziertheit der Quantenmechanik. Obwohl bei Interferenzerscheinungen *theoretisch* nicht mehr von Realität und Ontologie gesprochen werden soll, betrachteten Bohr und Heisenberg Welle und Teilchen *praktisch* durchaus als antagonistische Erscheinungsformen einer tiefer liegenden, ihrer Meinung nach aber unerkennbaren Realität. Erkenntnis- und ontologietheoretisch (physikalisch) bleibt das dennoch ein ernstes Problem: Wenn Materie als real gilt, aber aus etwas bestehen soll, was nicht real existiert - dann muß man sich schon ernsthaft fragen, wie aus abstrakten mathematischen

Wahrscheinlichkeitsstrukturen *ohne jeden Realitätsanspruch* (interferierende Energie) materielle Strukturen *mit Realitätsanspruch* (Körper) entstehen sollen. Das gilt im Grunde schon für Photonen - für Licht.

Um dieses philosophische Problem lösen zu können, schufen Bohr und Heisenberg den Begriff der *Beobachtung* oder *Messung*. Einerseits ist damit durchaus eine gewöhnliche physikalische Wechselwirkung gemeint - die im mathematischen Modell jedoch keine Entsprechung hat. Schrödingers Wellengleichung bietet wie die Maxwellschen Gleichungen keinerlei Möglichkeit, *strukturelle Veränderungen* der Wellenfunktion oder *lokale Absorptionsereignisse* zu modellieren (das wird auch „Reduktion des Zustandvektors" oder „Kollaps der Wellenfunktion" genannt). Das wären *qualitative* Veränderungen, die offenbar eine nichtlineare Mathematik erfordern. Das heißt, es kann tatsächlich nicht so ohne weiteres zur Punktmodellierung übergegangen werden, wie es in der Physik Newtons zur Darstellung von bewegten Partikeln, Körpern oder *Wirkungen* üblich ist.

Aufgrund dieses *unvollständigen* mathematischen (und theoretischen) Modells sahen Bohr und Heisenberg sich förmlich gezwungen, zur *Registrierung* eines physikalischen Ereignisses - um den Körperbegriff einführen zu dürfen - einen *bewußten Beobachter* zu postulieren, der stattgefundene Wirkungen bzw. strukturelle Veränderungen zur Kenntnis nimmt (z.B. das Auftreffen eines Photons und den Zusammenbruch des Interferenzmusters). Diese *Registrierung eines Körpers* - hinter der sich das gesamte ungeklärte Phänomen der Wahrnehmung und Kognition verbirgt - liefert dann die weder durch das Experiment, noch durch den mathematischen Formalismus gegebene Legitimation, zur (punktförmigen) Körpermodellierung Newtons überzugehen - und damit die Quantenphysik fluchtartig zu verlassen. Mit diesem Quantensprung setzt die Kopenhagener Deutung über den sinnlichen Abgrund, der die Quanten- von der Körperphysik trennt.

Mit dieser physikalisch nicht zu legitimierenden Einführung eines mit Bewußtsein ausgezeichneten Beobachters - denn Wechselwirkungen sollten in der Realität auch stattfinden, wenn kein wahrnehmender Mensch Strukturveränderungen zur Kenntnis nimmt - wird eine Kompatibilität zwischen der Körperphysik Newtons und der Quantenphysik suggeriert, die weder aus der Quantentheorie noch aus ihrem mathematischen Formalismus ableitbar ist. Gleichermaßen kaschiert diese Vorgehensweise, daß für den eigentlichen *Akt der Wechselwirkung*, der reale Strukturveränderungen bewirken sollte, weder brauchbare physikalische Ideen noch mathematische Modelle existieren. Das ist der eigentliche Schwachpunkt der Kopenhagener Deutung, der mit Schrödingers Paradoxon noch auf die Spitze getrieben wird.

In letzter Konsequenz zwingt das zu abenteuerlichen Schlußfolgerungen: Hugh Everetts „Viele-Welten-Theorie" behauptet, daß ein Kollaps der Wellenfunktion niemals stattfindet; und nimmt deshalb an, daß sich immer, wenn eine Messung stattfindet, *das gesamte Universum inklusive bewußtem Beobachter* in verschiedene Kopien seiner Selbst verzweigt - und so *alle* möglichen Zustände parallel in verschiedenen Welten existieren (1957). Eugen Wigner kombiniert, daß die Natur (als Körperwelt), die letztlich aus (körperlichen) Atomen bestehen soll, nur dann (oder dort) real existieren kann, wenn (oder wo) sie von *Lebewesen mit Bewusstsein* beobachtet wird (1961). Und John Wheeler kommt zum Schluß, daß erst die Existenz eines Lebewesens mit Bewußtsein, welches das Universum beobachtet, die Wahrscheinlichkeitsfunktion des *gesamten* Universums zu reduzieren vermag. Das Universum werde erst durch die Beobachtung bewußter Lebewesen *rückwirkend* real - das nannte er „partizipatorisches Universum" (1983).

Das alles klingt reichlich abstrus und steht eigentlich im Widerspruch zu den Grundannahmen der Kopenhagener Deutung - dass die Natur „faktisch" real existiert. Dennoch sind es stringente Auslegungen dieser Interpretation und ihrer Mathematik, von der man offensichtlich annimmt, daß aus ihr die (bizarrsten) Eigenschaften der Realität deduziert werden können. Das unvollkommene mathematische und theoretische Modell liefert die Grundlage für all diese naturphilosophischen Spekulationen, läßt aber leicht vergessen, daß es noch immer keine überzeugende wissenschaftliche Theorie der Wahrnehmung, des Denkens und des Bewußtseins gibt. Jede moderne, wissenschaftlich gestützte wissenschaftlich Naturphilosophie - das zeigt die Quantenphysik außerordentlich deutlich - kann nur noch mit einer vernünftigen Theorie der physikalischen Wechselwirkung, der Wahrnehmung und des Denkens beginnen. Einstein vertrat den klaren Standpunkt, daß die Realität objektiv und unabhängig vom Menschen existiere und deshalb einem ontologischen Verständnis prinzipiell zugänglich sein müsse. Die Widersprüchlichkeit der Welle/Teilchen-Erscheinungen zum Grundprinzip der Wissenschaft zu machen, erschien ihm als blanke Resignation. Die Aufgabe eines Physikers könne nur sein, den *„eigentlichen Witz dieser Geschichte zu begreifen"*.

Doch die Interpretation von Bohr, Heisenberg und Born setzte sich durch. Einigkeit herrscht jedoch weitgehend darüber, dass eine Rückkehr zur alten „materialistischen" Körperontologie *für die Quantenphysik* völlig unmöglich ist. In diesem Sinne wurde Einsteins Beharren auf einer physikalisch-ontologischen Theorie der Beschaffenheit der Natur permanent missverstanden. Nicht zuletzt deshalb, weil es auch Einstein nicht gelang, das Körperparadoxon zu lösen, das er mit seiner Quantenstrukturhypothese neu belebt und mit seinen „Hilfsvorstellungen" nur weiter verschärft hatte. Seine prinzipienfeste Haltung wurde von Bohr, Heisenberg, Pauli und Dirac als „dogmatischer Realismus" fehlgedeutet. Das Einstein jedoch nicht die Absicht hatte, die Körpervorstellungen zu retten, zeigen schon seine Äußerungen von 1909 und die unermüdliche Suche nach einer einheitlichen Feldtheorie (die allerdings auch niemand verstehen konnte oder wollte). Doch Einstein sah ein Problem, wo andere absolut keins sahen. Trotz lebenslanger Suche gelang es ihm nicht, der Natur ein neues *„anschauliches physikalisches Prinzip"* abzulauschen, auf dem eine einheitliche Physik hätte begründet werden können. Nur ein solches Prinzip, so Einstein an Hermann Weil 1917, könne die Voraussetzung für eine nicht-spekulative, physikalisch-mathematisch sinnvolle Theorie von *Raum, Zeit und Materie* liefern.

Offensichtlich konnten selbst die besten Physiker nicht mehr erkennen, *warum* die Physik Newtons auf die Natur nicht mehr zutreffen sollte - wie es die Quantenphysik eigentlich nahe legt. Zwar mußte man schmerzhaft zur Kenntnis nehmen, daß die Vorstellungen des Denkens an der Beschaffenheit der Natur vollständig versagen – das *„veränderte das Denken der Physiker in einer solchen Weise, daß sie irgendwie* *den Geist der Quantentheorie in sich aufnahmen.*"[7] Dieses irgendwie, die ungeklärte Art und Weise dieses Versagens, ist bezeichnend: Nirgendwo (zum Beispiel in Heisenbergs „Physik und Philosophie") findet sich eine Stelle, an der das Scheitern der Körpervorstellungen *explizit* ausgesprochen wird. Das hat natürlich einen Grund. Der physikalische Körper wird nicht wirklich in Frage gestellt, im Gegenteil: Er wird noch gebraucht, um die Einheit der Physik zu retten - so wie sie Niels Bohr und Werner Heisenberg vorschwebte (Klassische + Quantenphysik).

Unerklärlich bleibt dann, *warum* das Denken an der Beschaffenheit der Natur scheitert - und *wie es funktioniert*. Beides, das Denken mit seinen Körper-, Ding- und Objektvorstellungen und die unausgesprochene Annahme, das die reale Welt in Form von Körpern existiert, werden auf diese Weise (beinahe für immer) wie *gegebene Voraussetzungen* behandelt, an denen kein prinzipieller Zweifel festgemacht werden kann. Eben weil das Scheitern der Körpervorstellungen nicht einsichtig war, sahen Bohr und Heisenberg keinen Anlaß, die Körperphysik als *Naturphilosophie* in Frage zu stellen, obwohl ein Festhalten an der Körperontologie eigentlich völlig unmöglich war. Dieser naturphilosophischen Zwangslage konnten sie nur entgehen, indem sie die Natur in eine makroskopische und submikroskopische Ebene teilten. Und retteten damit auch eine Physik, die von Anfang an davon ausgegangen war, daß die Realität aus Körpern bestünde. Diese Annahme kann man allerdings nur dann ernsthaft ins Auge fassen, wenn man alle Erscheinungen, die dagegen sprechen - insbesondere die Beschaffenheit der *lebenden Strukturen der Realität* - konsequent ignoriert. Das dieses Ausblenden ohne Verzerrungen für die Naturerkenntnis möglich sei, war die grundlegende Voraussetzung aller Physik.

Mit dem prinzipiellen Verzicht auf eine mögliche widerspruchsfreie Interpretation des Doppelspaltexperiments entscheidet nun aber nicht mehr die Natur (das Experiment) über die Richtigkeit theoretischer Modelle von der Realität, sondern die Anwendbarkeit von nicht einmal widerspruchsfreien ontologischen Modellen bestimmt dann, was theoretisch unter Realität zu verstehen sei.

---

[7] Heisenberg: Physik und Philosophie

Der irritierten Logik wird mit dem *Komplementärprinzip* nachgeholfen. Bohr erklärte das ungelöste Paradoxon zum *dualistischen Naturprinzip*, wie es Yin und Yang für die taoistische Philosophie bedeuten. Zusammen mit dem Nachweis, daß Wellen- und Teilchenvorstellungen mathematisch widerspruchsfrei gehandhabt werden können, schien die Quantenmechanik für Bohr und Heisenberg philosophisch und mathematisch gesichert - und das Quantenproblem damit vollständig gelöst. Seitdem gilt die Kopenhagener Deutung als logisch konsistent, aber die Quantentheorie als außerordentlich kompliziert. Erst 1964 sprach Richard Feynman aus, was viele Physiker dachten: *„Ich denke, ich kann davon ausgehen, daß kein Mensch die Quantenmechanik versteht."*

Seitdem erhält jeder, der über das Doppelspaltexperiment nachdenken will, eine Warnung vorweg: *„Begnügen sie sich damit, die beobachtbaren experimentellen Tatsachen zu akzeptieren, wie sie sind. Fragen sie nicht, w a r u m sie so sind – sie würden sich dabei nur in einer Sackgasse verrennen und frustriert sein... So bleibt uns nur zu beschreiben, w i e das Geschehen in der Natur vor sich zu gehen scheint. Mehr können wir nicht erreichen."[8]* So spricht der Geist Bohrs. Hätte sich der Mensch jemals ernsthaft nach dieser Maxime gerichtet, wären Wasser und Eis noch immer völlig verschiedene Entitäten. 75 Jahre später wird noch immer kontrovers diskutiert, ob die Kopenhagener Deutung die Physik Newtons nun ein- oder ausschließe. Die Beseitigung der Widersprüche im Realitätsverständnis wird nun von einer genaueren Klärung der quantentheoretischen Begriffe „Messung" und „Beobachtung" erwartet. Diese Begriffe verdanken ihre Einführung jedoch nur der Absicht, die *Körperphysik Newtons* und die *Quantenmechanik* kompatibel erscheinen zu lassen. Sie verschleiern, daß die Körperphysik Newtons auf die Natur *ontologisch* nicht zutreffen kann, während die Quantenmechanik - die Quantentheorie in der Kopenhagener Deutung - *ontologisch* und damit auch *naturphilosophisch* überhaupt nichts zu bieten hat. Auf diese Weise verhindert die Kopenhagener Deutung, daß sich der entscheidende Punkt der Quantentheorie und ihre Notwendigkeit für die Konstruktion der Welt in einem klaren Satz ausdrücken läßt. Er lautet: *Es gibt keine Körper.*

---

[8] Hey/ Walters: Das Quantenuniversum. Spektrum Verlag, Heidelberg 1998.

Der eigentliche Witz, den uns der ewige
Rätselgeber da vorgelegt hat, ist absolut
noch nicht begriffen (Albert Einstein 1917)

## 4. Das Körperparadoxon

Die Gültigkeit des physikalischen Körperbegriffs als Modell der manifesten Strukturen der Realität beruht auf einer *zweiteiligen* Annahme, über die wir uns offenbar überhaupt nicht im klaren sind: Daß die Eigenschaften eines abstrakten (gedachten) Körpers auf die materiellen Strukturen der Realität zutreffen - *und* das diese Strukturen real existieren. An ihrer realen Existenz läßt sich kaum ernsthaft zweifeln, am Begriff des Körpers schon. Wir müssen uns also fragen, welche unbewussten Annahmen sich hinter der *Körpervorstellung* verbergen und welche Eigenschaften wir damit auf die Strukturen der Realität projizieren, die sie nicht haben (können): Offenbar sind das *Diskretheit* oder *ontologische Vollkonturierung*. Übertragen auf die Strukturen der Natur wird diese Eigenschaft der sinnlichen Wahrnehmung zu einer *ontologischen Hypothese*, die durch Doppelspaltexperiment, Quantenphysik und Biologie eben nicht mehr bestätigt werden kann.

Diese sinnliche Körpervorstellung ist so allgemein, dass damit jede manifeste Struktur der Realität - gleich welcher tatsächlichen strukturellen Beschaffenheit - charakterisiert werden kann. Es spielt keine Rolle, wie groß oder in welcher Form der Körper *gedacht* wird: ob als Sonne, Planet, Baum, winziges Teilchen oder dimensionsloser Punkt. Die mit dem Körperbegriff charakterisierte Struktur muß nur eine Eigenschaft haben: Sie muß allseitig „freigestellt" sein (wie der Grafiker sagen würde), also von *allem anderen vollständig unterscheidbar* sein. Damit gewinnen die sinnlichen Strukturen der Wahrnehmung, die wir Körper, Objekte oder Dinge nennen, die Eigenschaften der *Individualität* und *Diskretheit,* der *Ganzheitlichkeit* und *Lokalisierbarkeit.*

Diese Eigenschaften charakterisieren das Wesen der Körpervorstellung, von der man unbewußt annimmt, dass damit auch die manifesten Strukturen der Realität (Planeten, Steine, Bäume und Menschen) ontologisch charakterisiert werden (können). Die mit dem Körperbegriff erfaßten Strukturen der Realität gewinnen so eine vollkonturierte *Qualität,* welche die Seinsqualität ihrer Existenz charakterisiert: Eine Art „ontologische Haut", bei der es nur um die *Kontur* zur vollständigen Unterscheidung (von allem anderen), nicht aber um die wahre Beschaffenheit der realen Entitäten geht. Wenn diese Vollkontur jedoch keine Eigenschaft der Strukturen der Realität, sondern der sinnlichen Wahrnehmung ist, muß die wahrgenommene „vollkonturierte Gestalt" mit der strukturellen Grenze der realen Entität zusammenfallen – nur deshalb bemerken wir das eigentliche Problem nicht:

Die strukturelle Grenze, die ein Baum oder eine beliebige manifeste Struktur der Realität erkennen läßt, kann dann nicht mehr als *ontologische* Grenzkontur verstanden werden - was naheliegend ist, wenn Materie und Energie zwar verschieden erscheinen, aber im Grunde dasselbe sind: Bäume atmen, absorbieren Licht, haben einen Stoffwechsel und geben Wärme ab. Auch bei „Körpern" beliebiger Art muß es dann Wechselwirkungen, einen über die manifeste Struktur - *und* über die sinnlich wahrnehmbare Kontur - hinausgehenden, konstituierenden, strukturbildenden Zusammenhang geben. Das ist im Grunde logisch: Ein physikalisches System ohne jede (physikalische) Wechselwirkung wäre überhaupt nicht wahrnehmbar, könnte nicht existieren und würde aus dem Universum „herausfallen". Bei lebenden Strukturen leuchtet uns das unmittelbar ein, in der Physik jedoch nicht.

Daß es keine Körper - keine ontologisch vollkonturierten Strukturen - in der Realität geben kann, hat also zwei Konsequenzen. Zum einen kann es zwischen der manifesten Struktur (Körper) und der Energie (Strahlung), die für Wechselwirkung und Zusammenhang steht, keinen Unterschied in der *Seinsqualität* geben. Ontologisch gesehen müssen Materie und Energie dann nicht nur äquivalent, sondern *dasselbe* sein. Ein passendes physikalisches Modell dafür fehlt jedoch nach wie vor - eben weil das Doppelspaltexperiment nicht widerspruchsfrei interpretiert werden kann. Zum anderen bedeutet es, daß eine manifeste Struktur der Realität zwar eine strukturelle Grenzkontur haben kann (also durchaus differenziert von seiner Umgebung sein kann), diese Kontur aber nicht als *geschlossen*, *geometrisch* vollkonturiert oder als ontologische Haut verstanden werden kann.

Einen tiefen Einblick in diesen Zusammenhang von *Struktur, Kontur* und *Bezugssystem* geben die fraktale Geometrie Benoit Mandelbrots und die nichtlineare komplexe Dynamik. Das war die neue Sicht auf die Natur, die Mitte der 1980er Jahre als *Chaostheorie* in aller Munde war. Obwohl die ersten Ideen bis in die 1960er Jahre zurückreichen, setzte sie sich erst zwischen 1978 und 1985 durch und revolutionierte innerhalb von zehn Jahren die gesamte Wissenschaft. Die fraktale Geometrie zeigt, daß das dreidimensionale geometrische Konturproblem ein ontologisches Problem ersten Ranges ist. Aber auch schon die von Einstein bei seiner Suche nach einer einheitlichen Feldtheorie aufgeworfenen Erkenntnisprobleme zeigen, daß wir es bei der Modellierung der Realität mit einem Konturierungsproblem (im Geiste) zu tun haben. Um die mit den Begriffen verbundenen Vorstellungen deutlicher herauszustellen, setze ich meine Interpretation in Klammern dahinter. Im Grunde bestätigt der Fortgang des Textes selbst die Richtigkeit dieser Interpretation (dann findet sich nur ein Ausrufungszeichen):

*„Wir haben es nun mit zwei Gegebenheiten zu tun: Materie und Feld... Können wir uns Materie [Körper] und Feld nun aber als zwei für sich bestehende, wesensverschiedene Gegebenheiten denken? Wenn wir ein kleines Materieteilchen [!] nehmen, könnten wir ja vielleicht sagen - so naiv diese Vorstellung auch sein mag - daß die Partikel [!] dort, wo sie aufhört und das Schwerefeld anfängt, eine klar definierte Oberfläche habe. Dieser Vorstellung gemäß wäre das Gebiet, in dem die Feldgesetze gelten, klar und übergangslos von der materiellen Region getrennt. Wie unterscheiden sich Materie und Feld dann aber in physikalischer [ontologischer] Hinsicht?...“*

Einstein steuert mit dieser Überlegung direkt auf das Körper-Problem zu, ohne es jedoch beim Schopfe packen zu können. Wie deutlich zusehen ist, verwendet auch er die Begriffe *Materie* und *Körper* synonym, ebenso die Begriffe *materiell* und *real existierend*:

*„Die Relativitätstheorie hat uns gelehrt, daß die Materie als ungeheure Zusammenballung von Energie aufgefaßt werden kann, während Energie andererseits auch materiellen [realen] Charakter hat. Auf diese Art [mit einer räumlichen Kontur] können wir also keine Unterscheidung*

32

*zwischen Materie und Feld treffen, da Masse und Energie eben in qua-*
*litativer Hinsicht [ontologisch] gar nicht verschieden sind. Zwar ist bei*
*weitem der größte Teil der Energie in der Materie [im Körper] konzen-*
*triert, doch besitzt das die Partikeln [!] umgebende Feld ebenfalls Ener-*
*gie, wenn es sich dabei auch um ganz bedeutend geringere Mengen*
*handelt..."*

Wenn Materie und Energie *qualitativ* dasselbe sind, muß es einen Weg
geben, das theoretisch zu verstehen. Dabei ist nur die Körper-
Konturvorstellung im Wege. Die eigentliche Frage ist also: Wie kommt
die Zusammenballung von Energie zustande, die wir *Materie* nennen?

*„...dann ist der Unterschied zwischen Materie und Feld eher quantitati-*
*ver als qualitativer Natur. Es hat dann keinen Sinn mehr, Materie und*
*Feld als zwei grundverschiedene Dinge zu betrachten, und wir dürfen*
*dann auch nicht von einer klar definierbaren Oberfläche [!], einer*
*Scheidewand zwischen Feld und Materie sprechen... Die gleiche*
*Schwierigkeit ergibt sich im Zusammenhang mit der Ladung und ihrem*
*Feld. Es scheint unmöglich zu sein, ein einleuchtendes qualitatives Kri-*
*terium für die Unterscheidung zwischen Materie und Feld bzw. Ladung*
*und Feld zu finden... Unsere Strukturgesetze, also die Maxwellschen*
*und die der Gravitation versagen, wo es sich um sehr große Energie-*
*ansammlungen handelt oder, um es anders auszudrücken, am Ur-*
*sprung der Felder, also bei elektrischen Ladungen bzw. materiellen*
*Körpern [!]."*

Meines Erachtens macht Einstein hier ziemlich deutlich, daß es unmöglich ist, aufgrund der vollkonturierenden Körpervorstellung einen Unterschied in der Seinsqualität von Materie und Strahlung zu begründen.
Damit erscheint seine Suche nach einer einheitlichen Feldtheorie in einem ganz anderen Licht - und zeigt den Zusammenhang zum Welle/
Teilchen-Paradoxon:

*„Können wir den Materiebegriff [die Körpervorstellung] nicht einfach fal-*
*lenlassen und eine reine Feldphysik [energetische Strukturphysik] ent-*
*wickeln? Was unseren Sinnen als Materie [Körper] erscheint, ist in*
*Wirklichkeit nur eine Zusammenballung von Energie auf verhältnismä-*

*ßig engem Raum. Wir könnten die Materiekörper [!] auch als Regionen im Raum betrachten, in denen das Feld [die Energiedichte] außerordentlich stark ist. Daraus ließe sich ein gänzlich neues philosophisches Weltbild entwickeln, das letztlich zu einer Deutung aller Naturvorgänge mittels struktureller Gesetze führen müßte, die überall und immer gelten... Bislang ist es uns allerdings noch nicht gelungen, diesen Gedanken zu einer überzeugenden und folgerichtigen Theorie zu verarbeiten. Die Entscheidung darüber, ob eine Lösung dieses Problems im Bereich des Möglichen liegt oder nicht, bleibt der Zukunft vorbehalten. Vorläufig müssen wir noch bei allen unseren theoretischen Konzeptionen zwei Dinge als gegeben hinnehmen - Feld und Materie.* [9]

Seit Einsteins Überlegungen hat es in dieser Richtung keinen wirklichen Fortschritt gegeben. Seine Gedanken weisen wie die Quantenhypothese, das Doppelspaltexperiment, die Atom- und Quantenphysik, die nichtlineare komplexe Dynamik und auch die Ontogenese in der Biologie direkt darauf hin, daß die Körpervorstellung als *Seinskategorie der Natur* keinen Sinn mehr macht, keinen Erklärungswert für die Konstitution und Beschaffenheit der real existierenden Strukturen hat.

Wir müssen also *prinzipiell* am grundlegenden Paradigma der Körperphysik, am *ontologischen Gehalt* der Körpervorstellung zweifeln. Jeder der das versucht, wird zunächst jedoch heftig erschrecken: Wenn Körper nicht real existieren (können), gibt es überhaupt keine Realität mehr - zumindest für das *denkende* Gehirn.

Das ist das Berkeleysyndrom - oder die *Schallmauer der Erkenntnis*. Wegen dieser entstehenden Leere und mangels philosophischer Alternativen finden sich die meisten Physiker ungeachtet der weitsichtigen Bemerkungen Albert Einsteins mit der Kopenhagener Deutung und der Nichtauflösbarkeit des Welle/Teilchen-Paradoxons ab. Allerdings findet sich schon in allen asiatischen Naturphilosophien (Buddhismus, Hinduismus, Taoismus) seit über tausend Jahren die Behauptung, dass die *Wirklichkeitswahrnehmung* des Menschen nur eine Illusion sei. In Europa war es dann der 25-jährige George Berkeley, der 1710 mit seinem

---

[9] Albert Einstein: Die Evolution der Physik (1938). In: Rowohlt Taschenbuch Verlag 1995. S.232 ff

*„Treatise Concerning the Principles of Human Knowledge"* darzulegen suchte, dass eine *Dingwelt* nicht wirklich existieren könne. Dinge wären nur Illusionen des Geistes, Produkte der Wahrnehmung. Deshalb, so Berkeley, könne die Realität nicht wirklich existieren. Darauf reagierte ein Zeitzeuge so:

*„Draußen vor der Kirche standen wir eine Weile beieinander und sprachen von Bischof Berkeleys geistreichen, allzu geistreichem Versuch, die Dingwelt als nicht wirklich zu erweisen, als nur in unserer Vorstellung vorhanden. Ich bemerkte, man sei zwar überzeugt, etwas an seiner Lehre stimme nicht, könne sie aber unmöglich widerlegen. Nie werde ich vergessen, wie flink Johnson antwortete, indem er mit dem Fuß kräftig gegen einen großen Stein trat, bis er selber dabei zurückprallte: So widerlege ich das, sagte er."*

Wie diese treffliche Widerlegung zeigt, liefert das Scheitern der *sinnlichen Körpervorstellungen* nicht den geringsten Grund, an all den anderen sinnlichen Wahrnehmungen (Beulen und Sonnenbrand) zu zweifeln, die eine reale Existenz der Natur beweisen. Berkeleys scharfsinnige Überlegungen, die asiatischen Weltanschauungen, das Welle/ Teilchen-Paradoxon und das Realitätsproblem der Quantenphysik können dann nur auf eine einzige Art widerspruchsfrei interpretiert werden:

* Wenn die Strukturen der Natur völlig real existieren - Materie, Strahlung und *lebende Strukturen* ausdrücklich eingeschlossen - ihre Beschaffenheit aber nicht als „diskret" oder „ontologisch vollkonturiert" charakterisiert werden kann, kann die vollkonturierende sinnliche Körpervorstellung nur ein Produkt der speziell menschlichen Wahrnehmung sein, die wir *Denken* nennen.

* Damit öffnet sich nicht nur ein Zugang zur Physis der Natur, sondern auch zur Natur der Erkenntnis: Das Geheimnis des menschlichen Geistes besteht darin, daß erst das Denken vollkonturierte, separierte oder „freigestellte" Objekte der Wahrnehmung *erzeugt*. Diese „Objekte der Wahrnehmung" können nur *neuronale Aktionsmuster* sein. Das führt zu einer völlig neuen Theorie der Sprache und des Denkens.

35

- Wir haben allen Grund zur Annahme, daß diese Fähigkeit den wesentlichsten Unterschied zwischen Mensch und Tier kennzeichnet: Erst dieser Ansatz ist in der Lage, den prinzipiellen Unterschied in den Wahrnehmungs- und Handlungsfähigkeiten von Mensch und Tier, intellektuelle Unterschiede zwischen Menschen verschiedener Kulturen und auch das Versagen aller bisherigen Wahrnehmungs-, Sprach- und Kognitionstheorien zu erklären, die *wie die newtonsche Physik* und die *Alltagswahrnehmung* paradigmatisch immer eine Realität voraussetzen, die bereits aus *ontologisch* vollkonturierten Entitäten (Körpern) besteht.

- Damit fällt nicht nur die Modetheorie, daß der Geist ein Computer sei - sondern auch Noam Chomskys Hypothese, daß die logische Struktur der Sprache *angeboren* ist.[10]

Offensichtlich nimmt die Körpervorstellung nur den Rang eines tief verwurzelten, aber nicht unbedingt zwangsläufigen naturphilosophischen Paradigmas ein: Selbst einfachste Reflexionen machen nachdenklich: Die Strukturen der Realität sollen aus körperlichen „Bausteinen" bestehen? Schon bei der Betrachtung von Lebewesen und deren Beschaffenheit (man denke an Zellteilung) erscheint diese Grundannahme der Physik als ziemlich gewillkürt.

Dennoch erscheint es außerordentlich schwierig, andere physikalische Modelle zu entwickeln. Auch Einstein, Bohr und Heisenberg sind letztlich daran gescheitert. Die Resistenz der Körpervorstellungen wird vor allem durch die praktischen Erfolge der Naturphilosophie gefestigt, deren mathematische Formulierung als Geburtsstunde der modernen Wissenschaft gilt: *Philosophiae naturalis principia mathematica* (Newton 1687). Diese mathematischen Prinzipien reflektieren soviel von den (ganzheitlichen) Eigenschaften der Strukturen der Realität, daß es beinahe unmöglich scheint, daß die Physik Newtons *als Naturphilosophie* völlig falsch sein und die berechenbare Mathematik am Wesen der Realität gänzlich vorbeigehen könnte...

---

[10] Aus Gründen der Kürze kann der Schwerpunkt hier nur auf Physik und Doppelspaltexperiment liegen. Eine umfassende Darstellung der Zusammenhänge und auch der Herkunft dieser Ideen muß einer umfangreicheren Publikation vorbehalten bleiben.

Erst mit einem Seitenblick auf die biologischen Strukturen der Realität und die Reflexion der eigenen Wahrnehmungsweise wird das Scheitern der Körpervorstellungen und die Notwendigkeit einer Quantentheorie für das Naturverständnis deutlich: Erst damit erweist sich der *physikalische Körper* wie der *absolute Raum* und die *absolute Zeit* als drittes, ungenanntes - und bisher unerkanntes - Axiom der Physik Newtons. Diese physikalisch nicht begründbaren Voraussetzungen kann man wie Newton als göttliche Gegebenheiten auffassen - oder den Eigenschaften der Wahrnehmung durch Denken zuschreiben. Und erst mit dieser Erkenntnis stellt sich die Frage nach der Beschaffenheit der Natur völlig neu - und in aller Schärfe: Physikalisch gesehen, *fehlt* dann ein ontologisches Prinzip...

## 5. Energetische Verzweigungen

Das fehlende Prinzip verbirgt sich, wie Einstein schon 1909 prognostizierte, direkt hinter dem Welle/Teilchen-Paradoxon. Um es zu entdek-
ken, muß das Modell der Strahlungsausbreitung im Doppelspaltexperiment nur um etwas ergänzt werden, daß in der Lage ist, die *lokale*
Emission und Absorption von Energie mit ihrer *globalen* Ausbreitung
durch zwei oder mehr Öffnungen zu vereinbaren. Dieses Prinzip ist
jetzt ohne Schwierigkeiten erkennbar: *Strahlungsenergie muß etwas
sein, daß sich am Doppelspalt teilen und dennoch ein Ganzes bleiben
kann.*

Das führt zur Idee, diesen Prozeß im
Sinne der Selbstdifferenzierung eines
Ganzen als *energetische Verzweigung*
aufzufassen: Strahlung verzweigt sich am
Doppelspalt in enantiomorphe *Energie-
Antiparts*, die keine unabhängigen, separaten Einzelteile im Sinne der Mechanik,
sondern zusammenhängende Bestandteile eines Ganzen sind.

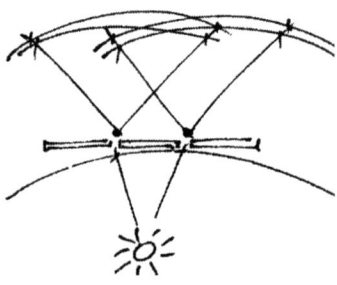

Sie strukturieren ein real existierendes
Energiepotential, daß trotz beliebiger
Ausdehnung immer nur *lokal* und als
*Ganzes* zur Wirkung kommen kann. Das
beweisen einzelne Absorptionsereignisse
(*effektive* Wechselwirkungen) und der
damit verbundene Kollaps des Interferenzmusters (Skizze 9).

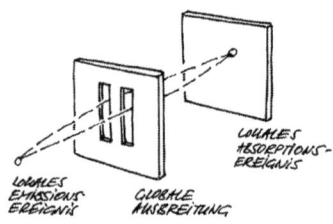

38

- Elektromagnetische Strahlungsenergie (Licht) ist eine Symmetriestörung, eine Asymmetrie-Erscheinung. *Enantiomorphe* sind *ganzheitliche asymmetrische* Strukturen, die in sich eine Symmetrie aufweisen. Diese Art von Symmetrie kann jedoch nicht als gewöhnliche Verdopplung, als Symmetrie zwischen identischen Strukturen verstanden werden: Sie besteht aus spiegelbildlichen oder rechts-links Antiparts, die in der Natur nur durch Verzweigung (Selbstdifferenzierung) entstehen kann.

- Jeder dieser Antiparts bewahrt alle Eigenschaften des Ganzen, die sich bei der Verzweigung zwar verdoppeln, aber nur *invers kongruent* und damit *nicht identisch*, also *ontologisch verschieden* sind. Deshalb lassen sich enatiomorphe Antiparts nicht durch Drehung oder Verschiebung im Raum, sondern nur durch eine *inverse Transformation* (Umstülpen) zur Deckung bringen. Spiegelsymmetrie ist keine Eigenschaft des Raumes, sondern der *Beschaffenheit* energetisch verzweigter Strukturen. Das drückt der Begriff der enantiomorphen Symmetrie sehr viel deutlicher aus als der Begriff der Spiegelsymmetrie.

- *Nicht effektiv* mit Materie wechselwirkende (interferierende) Strahlung unterliegt einer Energieerhaltungsbedingung (Erhaltung der Asymmetrie), die sich in *enantiomorpher* Strukturbildung (Verzweigung) manifestiert. Licht geht durch alle Fenster zugleich: Lichtenergie muß alle möglichen Wege oder potentiellen Wechselwirkungen berücksichtigen und verzeigt sich deshalb unter Bewahrung der Energiebilanz (enantiomorphe Verdopplung). Diese *Ganzheitlichkeit* und *Nichtlokalität* tritt nur auf, wenn Interferenz herrscht.

- Die enantiomorphe Symmetrie wird im mathematischen Formalismus der Quantenphysik durch den Begriff *Orthogonalität* reflektiert, mit dem „entgegengesetzte" Zustände abstrakt charakterisiert werden. Er folgt aus dem System der Komplexen Zahlen, das aus *reellen* und *imaginären* Zahlen besteht und für die Quantenphysik von grundlegender, aber bisher ungeklärter Bedeutung ist. Die rein mathematische Definition der imaginären Zahlen (i =√-1 oder i² = -1) macht anscheinend nicht mehr so ohne weiteres deutlich, daß imaginäre Zahlen nichts weiter als (reelle) *Antizahlen* sind. Damit wird klar, welchen physikalischen Sinn komplexe Zahlen machen: Das System der Komplexen Zahlen ist ein Spiegelsymmetrie- oder Stereokoordinatensystem, in dem jede beliebige komplexe Zahl, ausgedrückt durch einen Punkt auf der Gaußschen Ebene, unabhängig vom Maßstab immer eine eingefaltete enantiomorphe oder Anti-Symmetrie enthält. Die Summenbildung komplexer Zahlen drückt aus, daß die miteinander verknüpften Zustände immer als „ontologisch" entgegengesetzte, inverse oder eben enatiomorphe Zustände aufzufassen sind, die nicht als diskrete Parts, sondern nur als korrelierte Bestandteile eines selbsdifferenzierten Ganzen zu verstehen sind. Zahlen und Antizahlen charakterisieren die enantiomorphe Beschaffenheit der Natur, und den Charakter der Wechselwirkung als Wechsel des Bezugssystems, bei dem enantiomorphe Eigenschaften immer erhalten bleiben.

- Die Strahlung hinter dem Doppelspalt zeigt eine energetisch differenzierte Struktur. Sie ist dadurch gekennzeichnet, daß an potentiellen Wechselwirkungspunkten (an denen eine Meßsonde zum Einsatz kommen würde) nicht immer das gleiche Energiepotential für eine effektive Wechselwirkung zur Verfügung steht. Obwohl dieses Potential in manchen Bereichen gegen Null abfällt (die dunklen Streifen), ist vermutlich kein Punkt prinzipiell von einer Wechselwirkung ausgeschlossen. Das Vorhandensein eines lokalen Energiepotentials muß mit einer komplexzahligen Potentialamplitude modelliert werden, da sie beide enantiomorphen Zweige in ihrer lokal variierenden Überlagerung berücksichtigen muß. Die Bereiche, in denen die Energie auf Null abfällt sind die, wo *inverse* enantiomorphe Zustände aufeinandertreffen. In anderen Bereichen führen diese Überlagerungen über alle Zwischenstufen bis hin zu doppelter und vierfacher Energieintensität nach bekanntem Muster.

- Eine *effektive Wechselwirkung* von Strahlung mit Materie bewirkt den lokalen Kollaps der Verzweigung (den Zusammenbruch der Interferenz) - und führt zu neuen Verzweigungen in den energetischen Strukturen, die wir Materie nennen: Licht überträgt Masse (Einstein). Träge *Masse* oder *Energiedichte* muß also eine Eigenschaft energetischer Strukturverzweigungen sein, die um so größer ist, je weiter der energetische Selbstdifferenzierungsprozeß fortgeschritten ist.

- *Spin* ist dann kein Drehimpuls eines Körpers, sondern zeigt an, daß Atome, Elementarteilchen und Energiequanten enantiomorphe Verzweigungen mit bestimmten Struktur- und Symmetrieeigenschaften sind. Die exakte, ansonsten unerklärliche Ladungsgleichheit von Proton und Elektron kann nun auf das enantiomorphe Grundprinzip zurückgeführt werden.[11]

- Der Prozeß der energetischen Verzweigung läßt sich anschaulich mit einer *Zellteilung* oder mit der *Verzweigung eines Baumes* illustrieren - und auch funktional und ontologisch so verstehen. Mit dem Prozeß der energetischen Verzweigung wird also ein (für die Physik) völlig neues ontologisches Grundprinzip postuliert, das den unbrauchbaren Körperbegriff ersetzt, universelle Gültigkeit in allen Bereichen der Natur beansprucht[12] - und durch das Doppelspaltexperiment bereits nachgewiesen wird.

---

[11] Einstein hatte bereits vor Dirac versucht, die elektrische Neutralität des Atoms zu erklären und dabei „Energie" und „Antienergie" postuliert, seine Gleichungen aber wegen der unerklärlichen Massendifferenz von Proton und Elektron wieder verworfen.
[12] Warum auch sollten für Strukturen der „physikalischen" Realität andere Prinzipien gelten als für Strukturen der „biologischen" Realität?

Die Menschen sind eben suggestibler als Pferde,
und eine Mode beherrscht jede Zeit, ohne dass
die meisten den sie beherrschenden Tyrannen auch
nur zu sehen bekämen (Einstein an Bohr 1944)

## 6. Naturphilosophie und Erkenntnistheorie

Nur zwei Annahmen genügen also, um das Realitätsproblem der Physik - und der Erkenntnistheorie - zu konfigurieren: Zum einen sagt uns schon der gesunde Menschenverstand, daß die Natur mit all ihren Strukturen *physisch* real existieren muß - unabhängig davon, *ob* und *wie* diese Realität von Lebewesen wahrgenommen wird. Die zweite Annahme ist dann schon des Rätsels (halbe) Lösung: Der Begriff des physikalischen Körpers ist *prinzipiell* keine ontologische Kategorie. Das sagt dann etwas aus über das *wie* (der menschlichen Denkwahrnehmung) - und kennzeichnet den Unterschied zur Kopenhagener Deutung. Das Doppelspaltexperiment und die Eigenschaften der elementaren Strukturen von Strahlung und Materie zeigen dann, daß für alle Strukturen der Natur ganzheitliche Prinzipien gelten und Energie sich so strukturiert (selbstdifferenziert), wie wir es von biologischen Strukturen her kennen.

Das mag einem Physiker befremdlich, abenteuerlich und atemberaubend erscheinen, ist aber die einzig mögliche Erklärung. Das führt direkt zu völlig neuen physikalischen Vorstellungen von der ganzheitlichen Beschaffenheit der Natur oder - wie sich das Problem für Physiker darstellt - von *Nonseparabilität* und *Nichtlokalität*. Auf diese Weise kommt die große erkenntnistheoretische Debatte zwischen Albert Einstein und Niels Bohr doch noch zu einer hübschen Pointe: *„Erst die Theorie entscheidet darüber, was man beobachten kann"*, hatte Einstein 1925 dem jungen Heisenberg entgegnet - und sollte nicht nur damit Recht behalten: Damit gewinnen wir eine neue Naturphilosophie, lösen das Rätsel der Quantenphysik und gewinnen einen Zugang zum Rätsel des menschlichen Geistes.

Dennoch wird das Prinzip der Verzweigung nicht einfach zu akzeptieren sein. Bisher charakterisiert die Zellteilung *ausschließlich* die Beschaffenheit lebender Strukturen - und selbst das nur phänomenologisch - während dieses Prinzip in der Physik noch völlig unbekannt scheint. Das trifft zwar nicht unbedingt auf die *Vertices* (Verzweigungs-stellen) Feynmans und die *Bifurkationen* (Gabelungen) Feigenbaums zu - falls man sie ontologisch interpretiert. Selbst Everetts Verzweigun-gen machen nun einen ganz neuen Sinn. Die Kopenhagener Deutung verbietet allerdings jede ontologische Betrachtung der elementaren energetischen Strukturen, weil das zu unlösbaren Widersprüchen mit der Körperphysik führt. Deshalb weicht sie einer Realitätsbeschreibung immer dann aus, wenn die *Beschaffenheit* von Materie nicht mehr mit Körpervorstellungen und die der Strahlung nicht mehr mit dem Wellen-modell erklärt werden kann. Das ist sowohl bei der der Struktur des Atoms als auch im Doppelspaltexperiment der Fall; immer dann, wenn Materie *Selbstinterferenz* zeigt - die Fähigkeit energetischer Strukturen, sich zu verzweigen und dennoch ein Ganzes zu bleiben. Auf Strahlung trifft das umgekehrt zu: Ihr Interferenzkollaps kann wegen der ganzheit-lichen und lokalen Wirkung nicht mehr mit der Wellentheorie erklärt werden. Das ist das Realitätsproblem der Quantenmechanik.

Dasselbe Problem hat aber auch die Biologie: Wenn man sich die Ent-stehungsgeschichte lebender Strukturen vergegenwärtigt, kann die Seinsqualität lebender Strukturen nicht mehr mechanisch - als Konglo-merat von einzelnen Körpern - verstanden werden. Dennoch kam kein Biologe jemals auf die Idee, deshalb an ihrer realen Existenz zu zwei-feln... In der Biologie taucht das Prinzip der Verzweigung in Gestalt von Zellteilung, Wachstum und Selbstdifferenzierung als grundlegendste Eigenschaft dieser Strukturen der Realität auf und wird *Leben* genannt - das somit zur elementarsten und selbstverständlichsten Vorausset-zung von *Biologie* gehört. Dennoch (oder gerade deshalb) kann noch immer kein Mensch erklären, was *Leben* eigentlich ist.

*Energetische Verzweigung* heißt also nicht, das *Alles* lebt. Sondern nur, daß das Gemeinsame in allen existierenden Strukturen bisher noch nicht erkannt wurde: Ein strukturbildendes Naturprinzip, das die Be-schaffenheit von Strahlung, Materie *und* lebender Materie charakteri-siert.

Dann müssen auch lebende Strukturen *selbstinterferierende Systeme* im Sinne der Quantenphysik sein. Und tatsächlich, alle lebenden Strukturen oszillieren (interferieren) - wie die elementaren energetischen Strukturen der Physik. Auch wenn sich unsere Vorstellungen von der *Beschaffenheit* der Realität damit vollständig umwälzen, bleibt die Realität doch so, wie sie ist - das erleichtert die Orientierung. Das erklärt auch den Erfolg der Quantentheorie, die trotz ungeklärter naturphilosophischer Bedeutung als genauste und erfolgreichste physikalische Theorie aller Zeiten gilt: Alle Aussagen der Quantenmechanik beziehen sich praktisch immer auf die Realität, auch wenn die Beschaffenheit dieser Realität theoretisch (noch) nicht verstanden - oder gar geleugnet wird.

Im Grunde wissen wir schon lange, dass der Körperbegriff auf einen Großteil der Natur nicht passt - auf lebende Wesen nicht ontologisch angewendet werden kann. Lebewesen sind ganzheitliche Strukturen, die durch Zellteilung (Selbstdifferenzierung) entstehen. Eine solche Struktur kann natürlich nicht wie in der Mechanik als Konglomerat separater Einzelteile aufgefasst werden. Deshalb spricht der Physiker schon lange nicht mehr von der Natur, sondern nur noch von der „physikalischen" Realität. Dennoch bemerkt die Physik das Scheitern ihres naturphilosophischen Konzepts erst zu Beginn des 20. Jahrhunderts, logisch verstanden hat sie es bis heute nicht. Doch in der Physik gilt ab sofort das gleiche, wie in der Biologie: Die Struktur existiert real, aber nur durch Wechselwirkungen (wie ein Baum). Ihre Beschaffenheit kann nicht mehr so erklärt werden, als würde sie aus „Körpern" oder „Bausteinen" bestehen oder selbst ein „Körper" sein.

Damit ist Demokrits Atomtheorie obsolet, ebenso wie die der „Elementarteilchen". Zwar gibt es immer *invariante energetische Strukturen*, aber nichts ist „unteilbar" - Teilung ist das Prinzip. Alles muß mit allem zusammenhängen, wie es in einem *Universum* nicht anders sein kann. Mit diesem neuen Denken sollte es durchaus möglich sein, anschauliche energetische Atom-Strukturmodelle zu erschaffen, die eher „energetischen" Zellen, Korallen oder Bäumen als glatten Billardkugeln gleichen werden. Die Gastheorie und mechanische Theorie der Wärme, die Brownsche Bewegung, der Photoelektrische Effekt, Supraleitung und vieles andere mehr wird philosophisch neu interpretiert werden müssen. Und auch das Scheitern der euklidischen Geometrie:

*„Aus der gesamten Bandbreite möglicher Dimensionen ist nur eine Anzahl - drei - geeignet für die Existenz von Leben. Bei jeder anderen Anzahl über drei ist es den Planeten nicht mehr möglich, im angemessenen Abstand ihre Sonnen zu umlaufen... Die Realität hat die ideale Anzahl gewählt. Wie hat das Universum das geschafft? Die Physiker haben nicht die geringste Ahnung. Keine bekannte wissenschaftliche Theorie ist in der Lage, das Geheimnis des Raumes auch nur annähernd zu erklären. Unterliegt der Raum überhaupt natürlichen Gesetzen? Oder ist das eher Zufall? Wenn ja... dann tat sie (die Wirklichkeit) das bei gleichzeitig unbegrenzten Wahlmöglichkeiten. Die Wahrscheinlichkeit... ist gleich Null."*[13]

Der Raum unserer Vorstellung erweist sich als enantiomorphes Gegenstück zum gedachten Körper, als sinnliches Konstrukt ohne ontologische Relevanz. Ist „Dreidimensionalität" eine Eigenschaft der Denkwahrnehmung? Oder der Strukturierungsprozesse? Klar wird damit auch, in welchem Zusammenhang die spezielle Relativitätstheorie zu sehen ist: Von Einstein wissen wir bereits, daß „Raum" und „Zeit" keine ontologische Bedeutung mehr haben. Sie sind - wie der Körper - nur Produkte des unterscheidenden Geistes. Wir müssen uns gerade deshalb fragen, was der Begriff der vierdimensionalen „Raumzeit" bedeuten soll. Einstein wollte diesen Begriff durchaus ontologisch verstanden wissen - obwohl dieser Begriff nicht von ihm, sondern von Minkowski stammt. Einen ontologischen Sinn hat er wohl nur insoweit, als damit die Existenz einer *strukturellen Realität* gemeint ist, die sich durch Wechselwirkungen allerdings ständig verändern müßte. Kann die spezielle Relativitätstheorie diese Wechselwirkungen adäquat abbilden? Offensichtlich nicht. Wenn dabei das enantiomorphe Prinzip der Verzweigung immer (zeitlos) erhalten bleibt, kann *Zeit* nur noch ein Begriff dafür sein, daß es eben effektive Strukturveränderungen gibt...

---

[13] George Greenstein: Die zweite Sonne. S.132/133. dtv Verlag 1991

Mit dem Modell der energetischen Verzweigung finden wir auch für die Modellierung der neuronalen Prozesse, die unser Denken hervorbringen müssen, einen äußerst fruchtbaren Ansatz. Diese Prozesse müssen den gleichen Prinzipien unterliegen wie alle Strukturierungsprozesse der Realität.[14] Die wichtigste Erkenntnis ist, daß die Vollkontur des gedachten Körpers nur ein Produkt der sinnlichen Vorstellung sein kann. Damit verraten die Eigenschaften des Körpers die *Eigenschaften* der neuronalen Strukturierungsprozesse. Erste Modellvorstellungen zeigen, daß die *Natur der Sprache* unmittelbar auf Verzweigungs- oder Selbstdifferenzierungsprozesse zurückgeführt werden kann, die als Unterscheidungsoperationen an sinnlichen Wahrnehmungssequenzen verstanden werden können. Die interessanteste Entdeckung dabei ist, daß Sprache gar kein linguistisches Problem ist - und die Art der verwendeten Zeichen keine Rolle spielt.

Diese Hypothese zur objektschöpfenden Natur der Denkwahrnehmung wird durch das vollständige Scheitern des Körperbegriffs in Biologie, Atom- und Quantenphysik bestätigt - und durch die Unfähigkeit der modernen Physik, dieses Versagen zu verstehen. Weitere Indizien liefert das Versagen des vollkonturierenden Objektbegriffs in der Mathematik, das sich von Russell´s Paradoxon über das Scheitern von Hilberts Programm bis hin zu Gödels Theorem und Turings Theorie der Berechenbarkeit erstreckt. Am diesem Problem scheitert auch Noam Chomskys Theorie der *angeborenen* logischen Struktur der Sprache - und die Modetheorie der „Künstlichen Intelligenz", daß der Geist ein Computer sei und berechenbare Operationen ausführe.

Die wichtigste Konsequenz ist also, daß die Strukturen des Denkens, die Körper-, Ding- und Objektvorstellungen sind, auf die Realität *ontologisch* nicht zutreffen. Insofern hatten Niels Bohr und Werner Heisenberg völlig recht, wenn sie darauf bestanden, daß Ding-, Objekt- oder Körpervorstellungen auf quantenphysikalische Phänomene prinzipiell

---

[14] In Wirklichkeit war es andersherum: Erst Überlegungen zur Natur der Sprache und Wahrnehmnung haben zu der Idee geführt, die dann auf das Doppelspaltexperiment angewendet wurde - und anschließend gegen die Paradoxien und Fußangeln der Physik gründlich gecheckt wurde. Eine besondere Quelle der Inspiration war für mich Roger Penroses Buch "Des Kaisers neuer Geist" (deutsch-brav mit "Computerdenken" verballhornt), dem ich dafür ausdrücklich danken möchte.

nicht mehr anwendbar sind - mit *Realität* nichts mehr zu tun haben. Und ebenso Einstein, der darauf bestand, daß die Seinsqualität der real existierenden Natur erkennbar sein muß, auch wenn das mit dem Körperbegriff nicht mehr möglich ist. Daraus folgt, daß der Körperbegriff als Modell der materiellen Strukturen der Realität durch etwas völlig Neues ersetzt werden muß, das auch energetische Strukturbildung und Interferenz erklären kann.

Auch wenn die Realität unabhängig von der Gattung Mensch existiert, so ist doch völlig klar, daß Wechselwirkungen zwischen den Strukturen der Realität *strukturverändernde* Einflüsse darstellen, die die konkrete oder aktuelle Erscheinungsform der Realität verändern. Niemand sollte das besser wissen als der Mensch. Die erste Voraussetzung schließt also nicht aus, daß Wahrnehmungen immer Wechselwirkungen und somit *strukturverändernder* oder „physikalischer" Natur sind: Sie verändern die *Physis*, die *Beschaffenheit* der beteiligten Strukturen. Insofern sind Beobachtungen - als rein visuelle, noch nicht einmal als kognitive Phänomene verstanden - immer physikalische Wechselwirkungen effektiver Art: Sie verändern die Struktur des Lichts - und führen zu Anregungen in den Netzhautzellen des Gehirns.

Das muß ebenso für kognitive „Beobachtungen" gelten - für die *Konfiguration* von Ding-, Objekt- oder Körpervorstellungen, die dann im Gehirn erzeugte Strukturen sein müssen, denen normale biologisch- sinnliche Wahrnehmungen zugrundeliegen. Es kann dabei also nur um die Selbst-Strukturierung neuronaler Aktivitätsmuster gehen. Nur Wahrnehmungssequenzen, die „vollkonfiguriert" werden können und erst damit *unterscheidbar* werden, sind der Denkwahrnehmung zugänglich: *Sein heißt wahrgenommen werden.* Berkeley hatte logisch erkannt, daß *Dinge* nicht real existieren können - und Gott für deren Existenz verantwortlich gemacht. Nun wird klar, das dieser Satz in einer anderen Naturphilosophie bereits die ganze Wahrheit enthält: „Gott" sitzt im Kopf und erschafft die (Körper-Wahrnehmungs-) Welt...

## 7. Relativität und Interferenz

Mit dem Modell der energetischen Verzweigungen ist es nun möglich, Einsteins naturphilosophischen Intentionen zu folgen, ohne mit Bohrs Aussagen zum Wesen der Quantenrealität (!) zu kollidieren. Die Widersprüche lösen sich auf, wenn die Fähigkeit der Elementarstrukturen zur Interferenz mit einem ganzheitlichen energetischen Verzweigungsprozeß und die punktartige (dimensionslose) Quanten-Wirkung mit einem Verzweigungskollaps assoziiert wird. Physikalisch muß dann zwischen *nicht-effektiven* Wechselwirkungen (also zwischen Verzweigungsprozessen, die Interferenz charakterisieren) und *effektiven Wechselwirkungen* unterschieden werden, die zum Zusammenbruch der Verzweigung, zur Energieübertragung und damit wieder zu neuen Verzweigungen führen. Licht- und Materieenergie stehen in umittelbarer Wechselwirkung, der Prozeß der Verzweigung kann in beide Richtungen verlaufen. Das entspricht Einsteins Entdeckung, daß Materie und Energie dasselbe sind. Allerdings scheint die Unterscheidung zwischen effektiver und nicht-effektiver Wechselwirkung noch nicht ausreichend berücksichtigt. Erst damit stellt sich heraus, daß Einsteins spezielle Relativitätstheorie eigentlich *Interferenz* beschreibt - und erst das liefert die fehlende Verbindung zur Quantentheorie.

Zunächst spricht nichts dagegen, daß sich eine elektromagnetische Symmetriestörung in alle möglichen Richtungen zugleich und ohne Interferenz ausbreitet (Idealform: Maxwells isotrope Kugelwelle). Wird diese Symmetriestörung durch *potentiell* mögliche Wechselwirkungen (durch Materie) gestört, kommt es zu energetischen Verzweigungen. In einer Welt voller Materie, z.B. auf der Erde, muß das praktisch *immer* der Fall sein. Das äußert sich als partielle Reflexion, Tunneleffekt oder allgemein in Form von Interferenzerscheinungen. Fraglich ist, ob Zeitbegriffe für die Interferenz - für die ganzheitlichen Selbstdifferenzierungsprozesse der Energie - überhaupt noch Sinn machen: Wenn freigesetzte Strahlungsenergie nicht verloren gehen kann, bis eine effekti-

48

ve Wechselwirkung eintritt, muß zwischen dem ausgesendeten und dem reflektierten Licht immer Interferenz herrschen. Das geht direkt aus der speziellen Relativitätstheorie hervor: Eine sich ausdehnende Licht-Kugelwelle muß in *jedem* erreichten Bezugssystem wieder eine Kugel bilden, die sich vom neuen Ursprung mit Lichtgeschwindigkeit ausdehnt. Das gilt jedoch nur, wenn die Lichtenergie *nicht* absorbiert wird. Das bedeutet, daß eine Reflexion stattfindet und jede Reflexion eine *nicht-effektive Wechselwirkung* ist. Jede Reflexion erzeugt eine neue, sich ausdehnende Licht-Kugelwelle, die immer *innerhalb* der ursprünglichen (sich ebenfalls ausdehnenden) Lichtkugel liegt und mit ihr einen Verzweigungspunkt gemeinsam hat, der mit dem Ursprung des neuen Bezugssystems nur im Moment der Reflexion identisch war. Betrachtet man das Ganze aus der Perspektive der urprünglichen Kugel (die dann zu ruhen scheint), bildet sich von diesem Verzweigungspunkt eine schnell wachsende Blase nach innen, die den Horizont der Urkugel jedoch niemals erreichen wird. Bei genauerer Darstellung wird deutlich, daß die Abstände von E (Emissionsereignis) und R (Reflexionsereignis) aus dieser Perspektive schrumpfen. Das Ganze erinnert an Seifenblasen - oder an eine Zellteilung (Skizze 10):

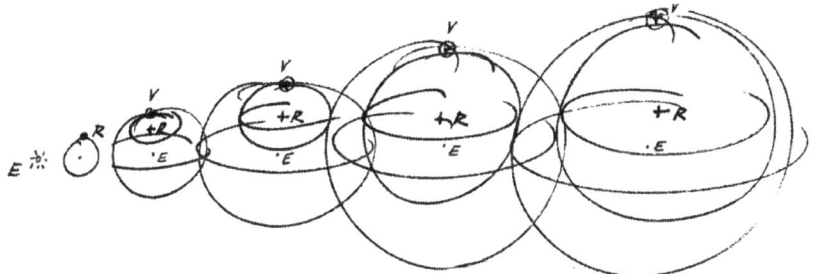

E Emissionsereignis
R Reflexionsereignis
V Verzweigungspunkt                                  Skizze 10  Reflexion und Verzweigung

Von *Licht* kann allerdings erst gesprochen werden, wenn eine strukturverändernde, effektive Wechselwirkung (zum Beispiel *sehen*) stattgefunden hat - also nur aus der Perspektive des *absorbierenden Systems*. Vor einer effektiven Wechselwirkung kann immer nur von einem interferierenden Licht-Potential gesprochen werden. Strahlungsenergie ist also ein energetisches Potential, das sich wie ein Fluidum ausbreitet (beinahe wie Seifenblasen), sich an Materiestrukturen verzweigt und dabei zellartig-enantiomorphe Energiestrukturen ausbildet, die sich störungsfrei durchdringen und immer innerhalb einer Ur-Kugel liegen, deren Radius durch die Endlichkeit der Lichtgeschwindigkeit gegeben ist. Das ist - grob modelliert - die ontologische Struktur der verzweigten (ausgesendeten + reflektierten) Strahlung, die bei vielen Reflexionsereignissen einem Zellhaufen gleichen würde.

Materie liegt, solange diese Strahlung nicht absorbiert wird, immer im Zentrum einer eigenen Reflex-Lichtkugel, ist also permanent von potentieller (interferierender) Lichtenergie umgeben. Findet eine effektive Wechselwirkung statt, wird diese Lichtenergie-Portion von der Materie vollständig verzehrt, die sie zu eigenen energetischen Strukturen gerinnen läßt. Wenn die Energie einer (kollabierenden) Verzweigung bei einer effektiven Wechselwirkung *vollständig* übertragen wird, geht eine energetische Verzweigung nicht wirklich verloren, sondern wird in Materieenergie transformiert. Der Kollaps ist also nur einer aus der Perspektive des Lichts (eines bestimmten Bezugssystems) – nicht mehr als ein Knotenpunkt, um den die Energie, die enatiomorphe Verzweigung gespiegelt wird, um sich anschließend (in einem dazu enantiomorphen Bezugssystem) als Materieenergie wiederzufinden.

Die effektive Wechselwirkung liefert damit auch eine Erklärung für eine alte Frage, für *Olbers Paradoxon*: Warum ist das Weltall dunkel, obwohl unzählige Sonnen Licht ausstrahlen? Potentielle bzw. interferierende Licht-Energie ist ohne effektive Wechselwirkung weder wahrnehmbar (sichtbar) noch wirksam, aber real vorhanden. In diesem Sinne sollte es vermutlich immer einen antisymmetrischen Zustand geben (ein interferierendes Energiepotential), in dem die Asymmetrie *Materie* immer eingebettet ist. Theoretisch sollte es dann auch einen vollständigen Symmetriezustand ohne jede Störung geben. Das wäre allerdings *Nichts* - oder das Potential für Alles, wie die Quanten-Vakuumtheorie zeigt.

Das Strahlung aus Energie-Erhaltungsgründen eine enantiomorphe Symmetrie ausbildet, zeigt sich nicht nur am Doppelspalt, sondern auch bei jeder Reflexion. Das beweist schon ein Blick in den Spiegel: Der

Physiker kann sich drehen und wenden wie er will - er wird sein Spiegelbild nicht mit dem Original zur Deckung bringen. Reflektierte Lichtenergie verhält sich enantiomorph zum einfallenden Licht, wie ein linker zum rechten Handschuh, oder wie die Außenhaut einer Kugel zu ihrem umgekrempelten Inneren. Bei einer Reflexion wird Lichtenergie invers gespiegelt - das ist *Verzweigung*; und beide Parts bleiben ein Ganzes - *das ist das Quantum.*

Die Feinstruktur dieser Energie wird vermutlich durch ein fraktales Netzwerk gebildet, in dem die Energiedichte gegen Null geht. Abbilden läßt sich diese Struktur als Beugungsgitter, das *Hologramm* genannt wird. Sie werden hergestellt, indem ein Lichtstrahl verzweigt wird: Ein Bestandteil wird als störungsfreier Referenzstrahl verwendet (Part), während der andere Bestandteil (Antipart) benutzt wird, um den aufzunehmenden Gegenstand zu beleuchten (Skizze 11). Dieses Licht wird von der materiellen Struktur reflektiert, was weitere Verzweigungen erzeugt. Das Ganze bildet

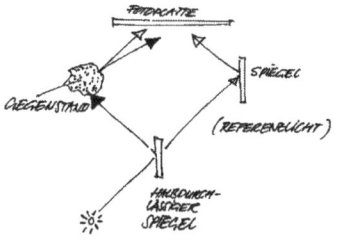

eine stark differenzierte Lichtenergie-Potentialkugel (einem Zellhaufen vermutlich nicht unähnlich), in deren Zentrum sich der materielle Gegenstand befindet. Der ursprünglich Referenz-Lichtzweig und der vom Gegenstand reflektierte und tiefer verzweigte Antipart-Lichtzweig werden danach wieder zusammengeführt und mit einer lichtempfindlichen Fotoplatte oder einem Film aufgefangen. Durch die Überlagerung von Referenz- und Reflexzweig entsteht auf der Fotoschicht ein Netzwerk aus Licht, was zur Schwärzung der lichtempfindlichen Schicht an den entsprechenden Stellen führt.

Nach der Umkehrbehandlung erscheinen die Stellen schwarz, an denen wegen der Auslöschungseffekte *keine* Lichtenergie auftreffen konnte. Auf diese Weise wird ein Abbild der energetischen Struktur des Lichts gewonnen - der Struktur, in der die Energiedichte Null war (Abbildung 12). Die erste Verzweigung, die weitere enantiomorphe Aufspaltung des Antipart-Zweiges durch Reflexionen und die abschließende Überlagerung mit dem ursprünglichen Lichtpart führt dazu, daß dieses Licht eine kausal determinierte Struktur ausbildet, die durch feinste Strukturen mit der Energiedichte Null gebildet wird. Das ist ein holistisches Phänomen, bei dem jeder Teil ein Abbild des Ganzen liefert - eine selbstähnliche und maßstabslose Struktur. Diese Ganzheitlichkeit charakterisiert das Wesen des Lichts: Die energetische Struktur ist in jedem Maßstab selbst-

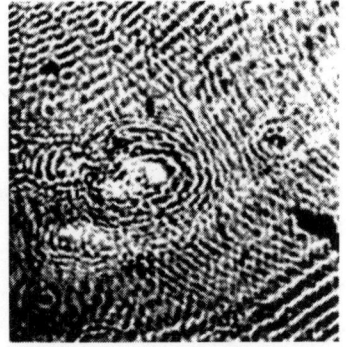

ähnlich, jeder Part ist Bestandteil des Ganzen, und das Ganze ist unteilbar, aber differenziert. Strahlt man das ursprüngliche Referenzlicht nun durch das Beugungsgitternetz, bildet sich eine stehende (interferierende) Energiestruktur vor dem Beugungsgitter aus, die der vom Gegenstand reflektierten Lichtstrahlung gleicht. Sie steht in der gleichen Entfernung vor dem Beugungsgitter, in der sie aufgenommen wurde - als wäre das Beugungsgitter ein Spiegel.

In diesem Verfahren erkennen wir auch das Prinzip des Doppelspaltexperiments wieder, nur daß die Anzahl der Öffnungen beim Hologramm sehr viel größer und die Hindernisse feiner, unregelmäßiger und komplizierter sind. Interferierendes Licht muß also eine energetische Struktur haben, die durch ein fraktales Netzwerk ausgelöschter Stellen gebildet wird. Sie müssen von der Art sein wie die schwarzen Linien, die wir bereits im Taschen- Lichtexperiment „sehen" konnten.

Spiegel, Beugungsgitter und Doppelspalt bewirken also im Grunde die gleichen Effekte: Energetische Verzweigungen. Das Doppelspaltexperiment allein reicht jedoch aus, um zu zeigen, daß die (interferierende) Energie des Lichts zwar „diskontinuierlich im Raume verteilt" ist, doch diese Struktur sich nicht so verstehen lässt, als würde Energie aus „in Raumpunkten lokalisierten Energiequanten" bestehen „welche sich bewegen, ohne sich zu teilen", wie Einstein mit seiner Quantenhypothese annahm. Etwas anderes wäre es, wenn Einstein von in Raumpunkten lokalisierbaren Energiequanten gesprochen hätte - damit wäre der Moment der effektiven Wechselwirkung adäquat erfaßt. Oder von Licht, daß sich teilt, ohne sich zu „bewegen". Oder „der Raumpunkt" so groß aufgefasst werden kann, daß damit das *gesamte Areal zwischen Emission und Absorption* - das gesamte interferierende Lichtpotential - beschrieben werden kann (eine Frage des Maßstabs).

Das dies tatsächlich möglich ist, zeigt ausgerechnet Einsteins spezielle Relativitätstheorie. Sie erschien etwa drei Monate *nach* der Quantenhypothese, aber Einstein verzichtet darin völlig auf Quantenvorstellungen. Der Grund war sicher der, daß Einstein die Widerspruchsfreiheit zwischen Wellen- und Teilchenvorstellung noch nicht herstellen konnte. In der Relativitätstheorie spielen *Lichtereignisse* jedoch eine entscheidende Rolle, da nur auf diese Weise *Gleichzeitigkeit* definiert werden kann. Also sollten Quantenvorstellungen auch für die Relativitätstheorie eine Schlüsselrolle spielen.

Das Doppelspaltexperiment macht deutlich, daß mit dem Versagen der Körpervorstellungen auch die *Raum- und Zeitvorstellungen* des Denkens versagen - genauer die Vorstellungen von *Lokalisierbarkeit* (Ortsbestimmung) und *Bewegung* (Ortsveränderung). In diesem Zusammenhang ist auch die spezielle Relativitätstheorie zu sehen, deren Gegenstand vor allem das Scheitern der Körper- und Raumvorstellungen ist - obwohl dabei weder von Interferenz, noch vom Scheitern der Körpervorstellung die Rede ist. Und in diesen Zusammenhang - zwischen Interferenz und Relativitätstheorie - muß auch Heisenbergs Unbestimmtheitsprinzip eingeordnet werden. Mit Einsteins spezieller Relativitätstheorie wurde jedoch zum ersten mal klar - zwanzig Jahre vor Heisenbergs Unbestimmtheitsrelation - daß es keinen Sinn mehr macht, wie Newton von „Raum" und „Zeit" zu reden, sondern nur noch von Relationen zwischen Bezugssystemen. Klar wurde auch, daß Materie und Energie dasselbe sind und nicht unabhängig vom Bezugssystem bestimmt werden können.

Nicht deutlich klar wird allerdings, das auch der Begriff des Körpers nur eine *„Schöpfung des menschlichen Geistes"* ist (Einstein zur Begriffsbildung) und das Konzept des Raumes als Bezugssystem vor allem deshalb versagt. In diesem Zusammenhang scheint die spezielle Relativitätstheorie noch viel mehr herzugeben, als von Einstein selbst gesehen und bisher entdeckt wurde.

## 7.1. Die Objektwelt im Glaskasten

Es ist leicht zu sehen, dass die gesamte Physik Newtons (Principia Mathematica, 1687) auf Vorstellungen von körperlichen Dingen beruht, obwohl diese Voraussetzung nicht ausdrücklich erwähnt wird. Sie gilt für Planeten im Kosmos genauso wie für materielle Strukturen der Realität. Newtons Universum wird oft als Billardkugel-Welt veranschaulicht, und es spielt dabei keine Rolle, ob wir uns Planeten im All oder Atome in Gasen vorstellen. Noch heute - 100 Jahre nach der Quantenhypothese - stellen wir uns Atome und ihre Bestandteile fälschlicherweise als winzige, harte Kugeln vor (der Objektcharakter der Dinge ist anscheinend so selbstverständlich wie die Sprache selbst). Die Physik Newtons geht wie der gesunde Menschenverstand immer davon aus, daß *ein Raum* existieren müsse, in dem die Körper schweben. Diese Behälter-Raumvorstellung ist für die Physik zwingend notwendig, um *Orte* lokalisieren, *Bewegung* als Ortsveränderung definieren und *Trägheit* erklären zu können. Dieser *absolute Raum* Newtons ist immer das letztmögliche, allumfassendste Metabezugssystem der Körperphysik.

Newtons Körper sind echte Einzelteile und müssen sich *berühren*, um Kräfte übertragen zu können (daher der Begriff Mechanik). Fernwirkungen lassen sich mit diesem Modell zwar nicht verstehen, aber dennoch modellieren. Das klingt ein wenig widersprüchlich, und das ist es auch. Körper befinden sich *im* Raum und bewegen sich *in* der Zeit, die beide evident sein mussten. Raum und Zeit galten Newton als göttlich gegebene, vorhandene *Attribute der Realität* (versuchen wir nur einmal, uns Körper ohne Raum und Bewegung ohne Zeit vorzustellen). Da Körper eben isolierte, separate Einzelteile sind (*diskrete* Elemente), können Wechselwirkungen zwischen Körpern ohne Berührung nicht erklärt werden. Das kann auch eine Substanz zwischen den Körpern sein, die selbst aus zusammenhängenden kleinsten Körpern bestehen muss – also ein stoffliches, körperhaftes Medium. Die Wechselwirkungen zwischen räumlich separierten Körpern werden durch „Kräfte" erklärt, die durch Körperkontakt übertragen werden. Kräfte oder Wirkungen hängen von der Masse und der Geschwindigkeit des übertragenden Körpers ab, werden also als *Bewegungsenergie* des Körpers aufgefasst.

Newton schuf damit ein Modelluniversum, dass aus einem unendlich großen Behälter, dem *absoluten* Raum, und einer gleichförmig in ihm verstreichenden *absoluten Zeit* besteht. Da das nicht immer extra betont wird, können wir uns auch ein glasklares, unsichtbares, beliebig ausgedehntes Aquarium vorstellen, indem die Körper schweben und eine gemeinsame Raum-Zeit abläuft. Damit erfand er sozusagen die Trennung von gegebenen, nicht weiter zu hinterfragenden (göttlichen) Anfangsbedingungen und den unabhängig davon wirkenden *Naturgesetzen*, die als Gesetze der Ortsveränderung von Körpern verstanden wurden. Eines davon war die Anziehungskraft, deren Teilchen (Gravitonen genannt) noch heute verzweifelt gesucht werden. Newton allerdings war sich wohl bewusst, dass gerade die Annahme einer auch für ihn unerklärlichen *Fernwirkung*, der Gravitation, seinem Körpermodell vollkommen wiedersprach:

*„Dass die Gravitation der Materie innewohnend, anhaftend und wesentlich sein soll, so dass ein Körper auf einen anderen wirken kann, auf die Entfernung durch ein Vakuum, ohne Vermittlung von sonst irgendetwas, von dem und durch das ihre wirkende Kraft und Gewalt von einem zum anderen übertragen wird, ist für mich eine derartige Ungereimtheit, dass ich glaube, kein Mensch, der in philosophischen Dingen hinlängliche Denkfähigkeit besitzt, könne je auf sie verfallen."*

Ihm war offensichtlich klar, daß es durchaus möglich ist, akkurate mathematische Beschreibungen zu entwickeln, ohne eine vernünftige Erklärung dafür zu haben. Das geriet bald in Vergessenheit. Das Newtonsche Gravitationsgesetz bietet leider keine Erklärung für die Anziehungskraft, wie fälschlicherweise immer wieder behauptet wird, sondern nur eine mathematische Beschreibung von Relationen zwischen isoliert erscheinenden Körpern. Mit denen hier die Strukturen der Realität gemeint sind, die wir Planeten nennen. Da Körper diskret lokalisiert erscheinen, Abstand haben und die Art der Wechselwirkung zwischen diesen Strukturen nicht verstanden, aber mathematisch modelliert werden kann, erscheint diese Wechselwirkung als *unerklärliche* Fernwirkung. Was Gravitation wirklich ist, kann bis heute kein Mensch (auch Einstein nicht) erklären.

Der Knüller jedoch war, dass Newtons Modell die *Erscheinungen der Körperwelt* mit hervorragender Genauigkeit beschreiben konnte, von kleinen Billardkugeln auf der Erde bis hin zur Bewegung der Planeten im Sonnensystem. Alles konnte genauestens berechnet werden - glaubte man zumindest noch bis 1980, und manche Physiker glauben es noch heute. Newtons Theorie war der Durchbruch für die Beschreibung der Welt mit Hilfe mathematischer Methoden, Begründung von Wissenschaft an sich - die seitdem ohne Mathematik völlig unmöglich scheint. Es war die erste umfassende Konstruktion von wissenschaftlicher Wirklichkeit, ein hervorragend funktionierendes Modell der Realität: Wenige Prinzipien und ein ausgeklügelter mathematischer Apparat genügen, um die gesamte Welt in Übereinstimmung mit der Alltagswahrnehmung beschreiben und berechnen zu können. Das hat nicht nur damals seine Zeitgenossen schwer beeindruckt. Seitdem schwebt Newton über dem Olymp der Wissenschaften.

## 7.2. Das Symmetrieprinzip der Bewegung

Dreh- und Angelpunkt dieser Naturphilosophie ist die *Bewegung* der Körper, die als Ortsveränderung pro Zeiteinheit - immer relativ zu einem echten Bezugsystem - verstanden wird. Dieser Bewegungsbegriff muß ein grundlegendes Relativprinzip berücksichtigen, daß praktisch zwar für alle Bezugssysteme gilt, theoretisch aber nicht in Relation zum absoluten Raum. Galilei hatte entdeckt, daß die Frage, ob Körper sich bewegen, in einem relational zweidimensionalen (symmetrischen) Bezugssystem nur eine Frage des Standpunktes ist (bewegt sich mein Zug - oder der andere?). *Bewegung* oder *Ruhe* sind dann immer relative Begriffe. Bei kräftefreien, gleichförmigen Bewegungen kann zwischen zwei Bezugssystemen nicht von einer „absoluten" (bevorzugten) Bewegung gesprochen werden. Dennoch gibt es eine absolute Bewegung und absolute Ruhe - gegenüber dem absoluten Behälterraum, dem „Universum". Außerdem gilt für Körper das Prinzip der *Trägheit*. Es drückt das Prinzip der Energieerhaltung aus und besagt, daß bewegte Körper, auf die keine Kräfte wirken und die *mit nichts wechselwirken* (eine Idealisierung, wie die Reibung zeigt), ihre Bewegung gleichförmig und geradlinig fortsetzen würden, ohne daß es dazu irgendwelcher Kräfte bedarf.

Damit zeichnet die Physik Newtons einen Zustand vor allen anderen aus: Einen idealisierten Symmetrie-Zustand, in dem auf Körper *effektiv* keine Kräfte *wirken*. Galileis Relativ- oder Symmetrieprinzip gilt also immer lokal, aber nicht global – nicht in Bezug auf den absoluten Raum. Theoretisch sollte relativ zu diesem Aquarium immer geklärt werden können, ob sich ein Körper (absolut) in Ruhe befindet, oder ob und wie schnell er sich „wirklich" bewegt.

Diese Vorstellung führt jedoch zu Widersprüchen mit der Maxwellschen Theorie der Lichtausbreitung - der Annahme, das sich Licht immer mit einer bestimmten *Geschwindigkeit* ausbreitet. Das äußert sich im Versagen des Additionstheorems der newtonschen Mechanik, bei dem die Geschwindigkeit eines Körpers immer zur Geschwindigkeit seines Bezugssystems addiert werden kann, um seine Gesamtgeschwindigkeit (gegenüber einem noch umfassenderen Bezugssystem) ermitteln zu können. Das gilt ad infinitum bis zum letzten möglichen, allumfassenden Bezugssystem - dem absoluten Raum.

Das funktioniert nur nicht mit Licht: Wenn Licht eine Störung oder Anregung des stofflichen Mediums Äther ist, Äther den absoluten Raum wie ein Kontinuum ausfüllt und ein durch den Raum und Äther bewegter Körper Licht aussendet, sollte sich die gemessene Lichtgeschwindigkeit aus der Addition der Geschwindigkeit des Körpers und der konstanten Lichtgeschwindigkeit im Äther ergeben. Licht, das in Bewegungsrichtung des Körpers ausgesandt wird, müßte dann eine höhere Geschwindigkeit haben als Licht, das in Gegenrichtung emittiert wird. Eine solche Geschwindigkeitsdifferenz konnte trotz äußerst präziser Interferenzexperimente (!) nicht nachgewiesen werden. Damit war es unmöglich, eine Bewegung (der Erde „durch den Raum" oder eines Körpers „gegen" das Licht) nachzuweisen. Die Lichtgeschwindigkeit erscheint in einem speziellen Bezugssystem, dem Inertialsystem immer konstant.

Intertialsysteme sind Bezugssysteme, in denen materielle Strukturen Trägheit zeigen und eine bestimmte Masse haben. Diese Masse ist Ursache der Trägheit; der Tendenz dazu, eine Bewegung beizubehalten, ohne daß es dazu irgendwelcher Kräfte (Energien) bedarf. Das wird in der Mechanik auch *nicht-beschleunigte* Bewegung genannt und bedeutet, daß auf diese Strukturen eben keine Kräfte *wirken*. Offensichtlich schließt der Spezialfall Inertialsystem jede *effektive* (strukturverändernde) *Wechselwirkung* aus. Fraglich bleibt auch für Einstein, inwieweit ein solches Konzept trotz aller Fruchtbarkeit stimmig sein kann: Ob es überhaupt Systeme geben kann, die ohne *jede* Wechselwirkung, ohne *jeden* Zusammenhang (also diskret im wahrsten Sinne des Wortes) existieren. Das scheint logisch und naturphilosophisch unmöglich, wie das Nachdenken über den Körperbegriff - und die Gravitation - zeigt.

## 7.3. Trägheit, Interferenz und Raumzeit

Das inspiriert zu dem Verdacht, daß wir es beim Inertialsystem - die spezielle Relativitätstheorie gilt nur für Intertialsysteme - mit einem speziellen Zustand zu tun haben, in dem effektive Wirkungen zwar ausgeschlossen werden, *nicht-effektive* Wechselwirkungen aber durchaus vorhanden sind - die nach dem Modell der energetischen Verzweigung mit *Interferenz* identisch sind. Das würde bedeuten, das Einstein mit der speziellen Relativitätstheorie eigentlich *Interferenz* (oder quantenphysikalisch ausgedrückt: *verschränkte Systeme*) beschreibt. Dieser Gedanke ist atemberaubend - und wäre ein Zugang zum ungelösten Problem der Trägheit, Masse und Gravitation.

Einstein demontiert die apriorischen Vorstellungen von Raum und Zeit, die der große Philosoph Imanuel Kant - nicht ganz unberechtigt, wie das Dilemma der Physik zeigt - zu Denknotwendigkeiten erklärt hatte. Das Doppelspaltexperiment hat uns gezeigt, warum Werner Heisenberg dann zwanzig Jahre später die Unmöglichkeit einer raumzeitlichen Beschreibung postulieren mußte: Weil Körper- und damit auch die Raumvorstellungen versagen; die Interferenz einfach nicht mit Körpervorstellungen erklärt werden kann (S.16 ff). Jetzt fällt es uns wie Schuppen von den Augen: Weil es um einen Interferenz- oder Verzweigungszustand geht, müssen und können *effektive Wechselwirkungen* - Quantenereignisse wie die Absorption - in der speziellen Relativitätstheorie ausgeschlossen werden. Und nur so ist es möglich, auf Quantenvorstellungen völlig zu verzichten, ohne daß die spezielle Relativitätstheorie irgendetwas von ihren Aussagen revidieren müßte - daß sie auf die Natur zutrifft, steht ohne Zweifel fest. Die Frage ist nur, ob wir ihre ontologische Bedeutung - vor allem die Rolle des Körperbegriffs - schon zu Ende gedacht haben...

Einstein zeigt, daß das dem Additionsproblem zugrundeliegende Problem die Vorstellung vom absoluten Raum ist, der immer als letztmögliches *ruhendes* Bezugsystem dient. *Geschwindigkeit* kann ja immer nur relativ zu einem *ruhenden* Bezugssystem definiert werden; eine Absolutgeschwindigkeit nur relativ zum absoluten, ruhenden Raum. Einstein macht jedoch klar, daß dem Begriff der *absoluten Ruhe* weder in der Mechanik, noch in der Elektrodynamik eine Bedeutung zukommt - daß es nur um *relative Bewegungen*, um Symmetriebedingungen geht. Das Problem ist dann lösbar, wenn man auf ein bevorzugtes, absolutes und nur *axiomatisch einführbares* Raum-Bezugssystem verzichtet; und der Naturbeschreibung statt dessen allgemeingültige Symmetrieprinzipien - wie das Relativprinzip der Bewegung - zugrundelegt. Die Naturbeschreibungen müssen dann aus beiden Perspektiven dieselben invarianten Ergebnisse zeigen. Das leistet die sogenannte Lorentz-Transformation, bei der bestimmte Relationen trotz Wechsel des Bezugssystems erhalten bleiben. Einstein will dieses „Relativprinzip" nicht nur als universelles Symmetrieprinzip der *Naturbeschreibung* verstanden wissen, sondern ausdrücklich als Hinweis darauf, daß für Materie als auch Strahlung die gleichen Naturgesetze gelten.

Das Relativprinzip der Mechanik (Galileis Relativbewegung) und das Relativprinzip der Elektrodynamik (das Induktionsprinzip) sind mit dem Prinzip der Konstanz der Lichtgeschwindigkeit widerspruchsfrei vereinbar und auf beliebige gleichförmig bewegte Bezugssysteme anwendbar, wenn die Vorstellungen vom Behälterraum und der darin verstreichenden Einheitszeit aufgegeben werden - die grundlegenden Axiome der Körperphysik, die auch Newton physikalisch nicht begründen konnte. Ontologisch bedeutet das zum einen, daß ein *stoffliches* Medium Äther, daß den absoluten Raum füllen sollte, nicht existieren kann - und auch, daß es keinen Sinn mehr macht, vom Universum als Behälterraum oder von einem absoluten Raum- Bezugssystem zu sprechen. Zum anderen kann die elektromagnetische Induktion erst dann als echte Symmetrieerscheinung - als Folge der Relativbewegung von Magnet und elektrischem Leiter - verstanden werden.

Das zweite Axiom der Physik Newtons besagt, daß an jedem Ort des Universum-Glaskastens eine gemeinsame „Weltzeit" verstreiche und somit für alle Ereignisse, Orte oder Beobachter „Gleichzeitigkeit" herrsche. Worin der Haken liegt wird jedoch erst deutlich, wenn man sich vergegenwärtigt, was Aussagen über Gleichzeitigkeit bedeuten – wenn man davon ausgeht, daß Licht jetzt nur noch eine „begrenzte" oder „absolute Geschwindigkeit" haben kann: Aussagen über Gleichzeitigkeit, so Einstein, betreffen immer die Korrelation zweier Ereignisse, die am *Ort des Beobachters* zur gleichen Zeit zusammenfallen (genaugenommen muß der Ort der Uhr mit dem Ort des Beobachters identisch sein). Einstein macht damit die scheinbar banale Tatsache deutlich, daß eine physikalische Orts- und Zeitbestimmung immer die *Herstellung einer Korrelation* zu einem Bezugs- oder Referenzsystem ist, das *bereits mit räumlichen und zeitlichen Koordinaten* charakterisiert werden kann.

Im normalen Erfahrungsbereich wird jedoch immer davon ausgegangen, daß die Wahrnehmung zweier Ereignisse durchaus *gleichzeitig*, *zugleich* oder *im selben Augenblick* erfolgen kann. Das mag durchaus so sein; wendet man diese Vorstellung aber auf entfernte Ereignisse im Universum an, verbirgt sich dahinter praktisch die Annahme, daß Licht aus verschiedenen Quellen *gleichzeitig* das Auge erreichen kann, sich also *instantan* oder mit „unendlich hoher Geschwindigkeit" ausbreitet. Wenn die Lichtgeschwindigkeit jedoch begrenzt ist - wie die Experimente zu zeigen scheinen - können physikalische Ereignisse, die vom Beobachter sehr weit entfernt stattfinden, nur dann *gleichzeitig* erfolgt sein, wenn sie vom Beobachter *gleich weit* entfernt sind. Auf diese Weise wird der *„Raum" der Gleichzeitigkeit* definiert, der materielle Strukturen von anderen materiellen Strukturen und ihren physikalischen Wirkungen trennt. Dieser Raum der Gleichzeitigkeit ist jedoch relativ: Von einem anderen (oder bewegten) Beobachter sind die Ereignisse möglicherweise nicht mehr gleich weit entfernt und können somit auch nicht mehr als gleichzeitig gelten.

Deshalb, so Einstein, kann es keine Gleichzeitigkeit für verschiedene oder relativ zueinander bewegte Beobachter geben. Das ist beinahe schon alles, was man nach Einstein noch über *Zeit* sagen kann: *Zeit, Zeitdauer, Gegenwart* oder *Gleichzeitigkeit* ist ein beliebig großes Intervall, daß (nur) durch *effektive* Lichtereignisse definiert werden kann. Dieses Raum-Zeit-Intervall kann für unterschiedlich schnell bewegte Beobachter oder Bezugssysteme verschieden lang (oder groß) sein, denn jeder Beobachter ist Zentrum einer beliebig groß gedachten Kugel, die seinen physikalischen Ereignishorizont begrenzt.

Gleichzeitigkeit hängt also nicht von der Entfernung, sondern nur vom Standpunkt und vom Bewegungszustand des Beobachters ab (Skizze 13). Das Licht der beiden Sonnen erreicht den Beobachter 1 gleichzeitig. Beide Lichtemissionsereignisse sind gleich weit entfernt und liegen auf seinem Ereignishorizont. Für den Beobachter 2 ist das nicht der Fall; für ihn bilden B1 und ein Lichtereignis den Ereignishorizont.

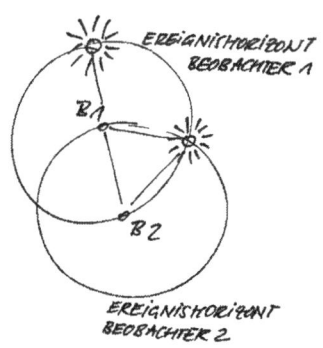

Einstein geht es vor allem darum, physikalisch brauchbare Relationen zwischen verschieden schnell bewegten „Beobachtern" oder verschiedenen (energetischen) Bezugssystemen aufzufinden. Das setzt voraus, daß *beide* Systeme auf eine Referenz-Ortszeit korreliert werden können. Diese Korrelation erfolgt durch die wechselseitige Emission und Absorption von Licht.

Was passiert jedoch, wenn wir das aus der Sicht der Quantentheorie und einem Einzelereignis betrachten? Der Licht aussendende Beobachter B1 kann den Zeitpunkt einer Lichtemission registrieren, abwarten, bis das Licht am Spiegel in B2 reflektiert wird und dann den Zeitpunkt der Absorption in B1 registrieren. Seine gemessene Zeitdifferenz kann er durch zwei teilen und schlußfolgern, daß der Lichtstrahl in der Hälfte der Zeit in B2 reflektiert worden sein muß. B1 kann dem Reflexionsereignis B2 dann seine Lokalzeit zuweisen. Auf diese Weise wird auch die Lichtgeschwindigkeit immer bestimmt. Wie der Beobachter B1 es allerdings fertigbringen will, seine lokale Uhrzeit an den Beobachter B2 zu übermitteln, damit dieser seine Uhr zum Zeitpunkt der Reflexion auf die Lokalzeit von B1 umstellen kann, leuchtet quantenphysikalisch nicht so ohne weiteres ein: Denn B2 kann nicht wissen, ob und wann sein Spiegel Licht reflektiert, solange das Licht nicht absorbiert (registriert) wird. Wird es aber absorbiert, gibt es keine Reflexion. Bei einem Einzelemissionsereignis gilt: Entweder Absorption oder Reflexion. Theoretisch müßte B2 das Licht von B1 also aufspalten (Interferenz erzeugen), einen Teil zur Absorption bringen - um das Ereignis „Licht von B1" zu registrieren - und den anderen Teil zu B1 reflektieren...

Das jedoch ist nach der Quantentheorie nicht möglich! Betrachten wir diesen Prozeß im Bild der Kugelzellen-Potentiale, ergibt sich folgendes Bild (Skizze 14). Es gleicht der Korrelation oder „Verschränkung" von „zwei" Photonen in der Quantenphysik:

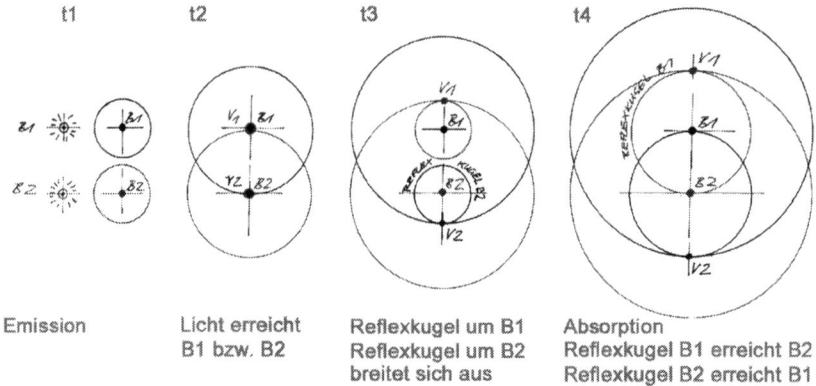

| Emission | Licht erreicht B1 bzw. B2 | Reflexkugel um B1 Reflexkugel um B2 breitet sich aus | Absorption Reflexkugel B1 erreicht B2 Reflexkugel B2 erreicht B1 |
|---|---|---|---|

Beschreibt Einsteins Definition der kreuzweise mit *reflektiertem* Licht korrelierten Systeme also ein *bereits interferierendes* Gesamtsystem - worauf die Verwendung von Spiegeln hindeutet? Wenn ja, kann man ein *gemeinsames Bezugssystem* herstellen und von Gleichzeitigkeit sprechen - dann gibt es auch *physikalisch* ein gemeinsames System, daß durch Strahlung verknüpft ist: Die Lichtenergie, die in B1 absorbiert wird, besteht dann aus dem von B1 ursprünglich ausgesandtem Licht *und* dem von B2 reflektiertem Licht. Die Struktur des Lichts bleibt also nicht unbeeinflußt von einer (nicht-effektiven) Wechselwirkung in B2:

Sie muß verzweigt sein. Wenn nicht, bleibt diese Korralation eine Fiktion - aus einem dritten, gedachten Bezugssystem: Ohne Interferenz durch Reflexion in B2 kann überhaupt keine *physikalische* Korralation zwischen B1 und B2 hergestellt werden.

*Zwei* effektive Absorptionsereignisse, die *gleichzeitig* stattfinden, kann es in einem interferierenden System *prinzipiell* nicht geben, wie die Doppelspalt- und Spiegelexperimente insbesondere mit Einzelereignissen zeigen. Denn dann wäre ein „Photon" nicht mehr ein Ganzes. Die Reflexion von Strahlung ist eine nicht-effektive Wechselwirkung, die zu enantiomorpher Strukturbildung (Verzweigung) führt. So haben wir Interferenz gedeutet. Die Absorption dieser Verzweigung (des „Lichtquants") ist eine effektive, *strukturverändernde* Einzel- Wechselwirkung, die nach allem, was seit Einsteins Quantenhypothese bekannt ist, zum vollständigen Verzehr der Lichtenergie dieses Quantums führt.

Eben diesen Fall klammert Einstein aus, indem er in der speziellen Relativitätstheorie nicht von Quanten, Absorption oder effektiven Wirkungen spricht. Gleichzeitige Absorptionsereignisse *für verschiedene* Beobachter oder materielle Strukturen kann es also generell nicht geben, wenn es stimmt, daß ein effektives Absorptionsereignis den vollständigen lokalen Kollaps einer energetischen Verzweigung zur Folge hat. *Effektive Ereignisse sind dann immer lokal, individuell, einmalig und irreversibel* (eben strukturverändernd) - das gilt für Emission und Absorption. Deshalb gibt es zwar eine Symmetrie in den physikalischen Gleichungen (Verzweigung und Kollaps), jedoch nicht in der Realität (des Bezugssystems). Das ist Bewegung - im Sinne von *Veränderung*.

Dennoch kann man mehrere Bäume, Sterne oder eine Umgebung voller Details (z.B. das Interferenzstreifenmuster) *zugleich* sehen. Wie läßt sich das mit dem Einzelabsorptionsgedanken vereinbaren? Beschränken wir uns auf zwei Reflexionsereignisse wie in Skizze 14: Das von zwei materiellen Strukturen oder Spiegeln reflektierte Licht gelangt nicht in Form von einzelnen, also zwei Photonen in unser Auge, sondern bildet eine zusammenhängende Verzweigungsstruktur (die selbstdifferenzierte Lichtpotentialkugel), die beide Reflexionsereignisse *zugleich* enthält. In diesem Sinne kann das Prinzip der Gleichzeitigkeit *nur für interferierendes Licht*, und nur für einen einzelnen Beobachter gelten. Zwei Licht-Reflexions-Ereignisse können „gleichzeitig" - in einem Absorptionsereignis - wahrgenommen werden, wenn Interferenzbedingungen herrschen, wenn die Strukturen der Lichtenergie also zusammenhängen und einen „gleichzeitigen Raum" bilden. In einem solchen Interferenz-Bezugssystem kann jedoch nicht mehr sinnvoll von einer Geschwindigkeit des Lichts gesprochen werden: Wie Einsteins Theorie zeigt, kann ja für Licht selbst keine Zeit vergehen - es sei denn, Photonen wären „Uhren".[15]

Die Lichtgeschwindigkeit erscheint immer konstant, weil Interferenz nicht von der „Ortsveränderung" oder „Bewegung" des absorbierenden Körpers abhängig ist. Aus Energieerhaltungsgründen herrscht immer Interferenz, und die Reflexkugel wandert immer mit. Dennoch vergeht für einen Beobachter (B1) zwischen Emission (Zeitpunkt t1), Reflexion (Zeitpunkt t2 in B2) und Absorption (Zeitpunkt t4) immer „Zeit". Deshalb kann nur ein Licht *absorbierender Beobachter* davon sprechen, daß Licht eine Ausbreitungsgeschwindigkeit habe, während im Bezugssystem des Lichts zwischen Emission und Absorption immer nur von einem unbestimmbaren Zeitintervall oder *Gleichzeitigkeit* gesprochen werden kann.

Der Beobachter kann diesem „Augenblick" nur „Zeit" zuweisen, wenn ihm noch andere Ereignisse *zum Vergleich* zur Verfügung stehen, mit denen er dieses Intervall ausmißt. Das ist der Trick: *Kürzere* Zeitintervalle durch „mitgeführte" Uhren. Die Relativitätstheorie zeigt jedoch klar, daß eine mit Lichtgeschwindigkeit bewegte Uhr stehenbleiben würde, daß für Licht selbst keine Zeit vergeht. Von einer *absoluten* Geschwindigkeit des Lichts (gegenüber dem Raum oder einem gemeinsamen Bezugssystem) kann also nicht gesprochen werden, sondern immer nur von einer konstant erscheinenden Geschwindigkeit relativ zur materiellen Struktur. Emittierte Lichtenergie „entfernt" sich also im-

---

[15] Feynman wird sich dieser Metapher bedienen. Fraglich ist nur, ob Photonen (Verzweigungen) oszillieren und damit als Uhren dienen können, wenn sie noch nicht wechselwirken. Möglicherweise sind Verzweigungen oder Interferenzerscheinungen aber immer „stehende" Energiestrukturen, wenn Part und Antipart enatiomorphe Gebilde sind und nicht miteinander wechselwirken können... Dann wäre die Oszillationserscheinung erst eine Folge der effektiven Wechselwirkung...

mer von der materiellen Struktur, wobei der Quotient aus zwei angelegten Maßstäben - Längen (Weg) und Zeitintervallen (Zeit) - immer konstant bleibt. Umgekehrt kann man behaupten, daß Licht steht und materielle Strukturen sich immer vom Lichtpotential „entfernen", wenn sie Licht emittieren, obwohl sie ihre Lage nicht verändern (sie „schrumpfen"). Selbstreferentielle (Längen-) Maßstäbe müssen sich dann verkürzen, und die selbstreferentiellen (Zeitintervall-) Maßstäbe sich indirekt proportional dazu ausdehnen. Das kann man auch andersherum sehen: Die Längen nehmen zu, und die Zeit verkürzt sich (bis zum Stillstand). Zeit- und Längenmaßstäbe verhalten sich wie enantiomorphe Dimensionen; beide Auslegungen beziehen sich jeweils auf relative, zueinander enatiomorphe Bezugsysteme: Materie- und Lichtenergie. Offensichtlich drückt die Zunahme der Bewegungsenergie, die Dehnung der Zeit und die Verkürzung der Maßstäbe, die ein Beobachter erfährt, der sich der Lichtgeschwindigkeit annähert aus, daß wir von einem Bezugssystem zum anderen *umschwenken*. Das ganze gleicht einer inversen „Drehung" im Raum, bei der wir anfangs das Bezugssystem einnehmen, indem Körper (materielle Strukturen) beschrieben werden - und in einem Bezugssystem enden, daß das des Lichts ist.

Die wichtigste Erkenntnis der Einsteinschen Relativitäts- oder Symmetrietheorie ist ohne Zweifel, daß es kein bevorzugtes *Raum*-Bezugssystem für physikalische Beschreibungen gibt und Materie und Energie „äquivalent" sind. Diese Erkenntnis hat jedoch nicht ausgereicht, um Materie und Strahlung theoretisch als *dasselbe* zu verstehen. Die Ursache liegt zum einen darin, daß der *Körper* in der speziellen Relativitätstheorie als starres, vollkonturiertes (invariantes) Gebilde im Sinne der euklidischen Geometrie aufgefaßt wird, zum anderen fehlt die widerspruchsfreie Interpretation der Interferenzerscheinungen am Doppelspalt und bei Reflexionen. Die Aussagen der speziellen Relativitätstheorie, die zu den größten Verständnisschwierigkeiten und Paradoxien führen, sind eben die, die sich noch immer auf *Körpervorstellungen* beziehen. Dabei wird das Antisymmetrie-Problem deutlich: Relativ zu sich „bewegendem" Licht verkürzt (und verliert) der Körper mit zunehmender Geschwindigkeit eine Dimension in Bewegungsrichtung, und die Zeit dehnt sich im gleichen Maße indirekt proportional. Umgekehrt durchmißt Licht relativ zum Körpermaßstab eine unendliche lange

Strecke in unendlich kurzer Zeit. Eine materielle Struktur, die sich der „Lichtgeschwindigkeit" annähert gewinnt an Energie, die letztlich gegen unendlich geht.

Das alles deutet darauf hin, daß in der speziellen Relativitätstheorie nicht um Bewegung im Sinne von Ortsveränderung, sondern um Bewegung im Sinne von *struktureller Veränderung* geht: Um den ontologischen Zusammenhang zwischen Strahlungs- und Materieenergie, um energetische Bezugssysteme und um energetische Strukturbildung. Dabei geht es um eine besondere Symmetrie - um Antisymmetrie, um enatiomorphe Strukturen. „Zeit" an sich existiert ebensowenig wie dreidimensionaler „Raum" - es gibt nur *Ausdehnung* oder *Abstände* für energetisch differenzierte Strukturen, die jeweils eine Frage des Maßstabes sind.

Zu vermuten ist, daß die drei Dimensionen eines „Körpers" plus die drei negativen des „Raumes" zusammen mit der *dazu* negativen (orthogonalen) Dimension der „Zeit" zunächst einmal ein Ensemble *unserer sinnlichen Vorstellung* bilden. Physikalisch gesehen wird damit *auch* ein ontologischer Zusammenhang zwischen Strahlung und Materie charakterisiert: Mit der Zeitdimension ist der Prozeß der strukturellen Veränderung gemeint (der inversen Umstülpung), der nun allerdings in beiden „Richtungen" ablaufen kann, also nur eine Frage des Bezugssystems ist (Auffaltung oder Kollaps der Verzweigung). „Zeit" kann dann einen positiven oder negativen Werte haben oder als „imaginär" aufgefaßt werden. Maxwells Gleichungen haben zwei Lösungen, die genau dies besagen - was bisher physikalisch nur kaum einen Sinn machte.

Macht es überhaupt noch einen Sinn, von einer vierdimensionalen „Raumzeit" ontologisch zu sprechen? Wohl kaum - es sei denn, man meint damit nicht mehr als das Vorhandensein einer Realität, die sich nach der speziellen Relativitätstheorie aber nicht wirklich verändern dürfte. Es gibt allerdings etwas, das beim Wechsel des Bezugssystem invariant bleibt - die enantiomorphe Verzweigung. Jedes Bezugssystem verhält sich zu jedem anderen Bezugssystem enantiomorph: Das gilt für materielle Energiestrukturen untereinander (die dann immer „Antiparts" voneinander sein müßten), als auch in Relation zum Licht.

66

## 8. Raum, Zeit und Fernwirkung

Wenn die Lichtgeschwindigkeit tatsächlich eine „empirisch" bestätigte *Geschwindigkeit* wäre - genau das ist keine Frage der Erfahrung, sondern eine Frage der Interpretation, des theoretischen Konzepts - dürfte es keine *effektiven physikalischen Wirkungen* geben, die sich mit Überlichtgeschwindigkeit oder instantan (ohne Zeitverzug) ausbreiten. Ein Beobachter kann dann von einem *räumlich getrennten* System im Einsteinschen Sinne kein Emissionsereignis wahrnehmen oder eine effektive Wirkungen erfahren, wenn er sich noch außerhalb der emittierten Licht-Potentialkugel befindet, die Lichtenergie ihn also noch nicht erreicht hat. Dieser Fall schließt jedoch nicht aus, daß sich eine materielle Struktur bereits (oder immer) innerhalb einer interferierenden Licht-Potentialkugel befindet, *ohne* eine effektive Wirkung zu erfahren. Das zwingt dazu, die Existenz *räumlich getrennter* Systeme generell in Frage zu stellen - und zur Annahme, daß sie über potentielle Licht-Energie immer miteinander verbunden sind.

Das Überwinden beliebig großer Entfernungen, ohne das dazu Zeit benötigt wird, kann es nur für *Körper* nicht geben - denn Licht kann genau das. Das Konzept der Licht-*Geschwindigkeit* wird dann - für das Bezugssystem Lichtenergie - sinnlos. Es gilt nicht für *interferierende Systeme*, die beliebig ausgedehnt sein können und in denen Gleichzeitigkeit herrscht - für die also keine Zeit vergeht. Das klammert die Gravitation nur dann aus, wenn *Körper* Kräfte übertragen sollen. Auf gleiche Weise führen Körpervorstellungen zu Widersprüchen mit der Quantenphysik - genauer, mit dem Problem der Verzweigung und Interferenz: Wenn ein Lichtstrahl auf einen Strahlteiler gerichtet wird (eine Glasplatte, die im Winkel von 45 Grad zum Lichtstrahl steht), wird ein Teil der Energie reflektiert, der andere geht durch (Skizze 16). Das ist eine partielle Reflexion, wie wir sie an jedem See, an jeder Pfütze und

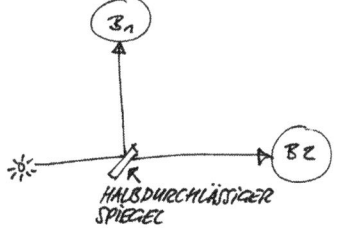

jedem Fenster erleben. Nehmen wir nun an, daß wir es nur mit einem einzelnen Lichtblitz - einem „einzelnen" Photon - zu tun haben: Die potentielle Lichtenergie verzweigt sich, so daß die Energie auf beiden Kanälen für *eine* effektive Wechselwirkung zur Verfügung steht. Wie im Doppelspaltexperiment bilden beide Strahlwege ein Ganzes, sind enatiomorphe Antiparts. Deutlich wird das erst, wenn beide Strahlen durch Spiegel zusammengeführt werden und Interferenzerscheinungen zeigen. Oder wenn Detektoren in B1 und B2 aufgestellt werden, die ein Energiequant registrieren können. Jeder Detektor registriert das Quantum nur mit der Wahrscheinlichkeit ½, also *entweder* B1 *oder* B2, aber niemals beide zugleich. *Gleichzeitige* Absorptionsereignisse für B1 und B2 kann es nicht geben.

Physiker sprechen nach der Aufspaltung am halbdurchlässigen Spiegel oder an einem speziellen Kristall manchmal von einem physikalischen System, dass aus zwei *räumlich getrennten* Untersystemen B1 und B2 besteht (Lichtstrahl 1 und 2); also aus *„zwei"* Photonen, die dann einen entgegengesetzten Spin zeigen müssen. Diese fiktiven Quantenteilchen können aber nicht wirklich als Einzelteile betrachtet werden (was Physiker natürlich wissen) - sie gelten als *korreliert*, weil beide in einer merkwürdigen Überlagerung existieren müssen, die über den „Raum" (einen beliebigen Abstand) hinweg instantan zu wirken scheint. Das wird *Superposition* genannt. Dieser Begriff ist ein Artefakt der Körpervorstellung und meint nichts anderes als die Fähigkeit zur Überlagerung oder Interferenz.[16]

Es entsteht, weil das Quantum noch immer als Körper, als lokal begrenzte Partikel imaginiert wird, obwohl beide Zweige zum Gesamtergebnis der Interferenz beitragen müssen. B1 und B2 sind also weder räumlich getrennt, noch verschieden im Sinne von 1 und 2. Sie bilden *ein* System, daß aus enantiomorphen Energie-Antiparts besteht, die noch immer ein Ganzes sind und den „gleichen Raum" einnehmen. Besser wären also Bezeichnungen wie p/q oder E/Ǝ (die eine Spiegelsymmetrie ausdrücken), oder einfach nur: ▶◀

---

[16] es lässt sich eben nicht ignorieren, dass das Licht, nachdem es beide Wege genommen hat, irgendwie "zusammenhängt" und interferieren kann

Die ganzheitliche „nichtlokale" Verzweigung selbst *ist* das Quantum, das *nach* der Passage des Doppelspalts, eines polarisierenden Kristalls oder der Reflexion am Spiegel zwei orthogonale Zustände in einem zeigt. Das wird Spin genannt, der bei Licht durch Polarisationsfilter festgestellt werden kann. Physiker visualisieren Spin oft als Drehimpuls mit einer Drehachse, die in eine bestimmte Richtung zeigt - weil die Mathematik, die diese Symmetriebeziehung beschreibt, der Bestimmung des Drehimpulses eines rotierenden Körpers entspricht. Natürlich weiß jeder Physiker, daß das bei Quanten nicht so sein kann, da Quanten keine Körper sind - aber bis auf die Wellenvorstellung fehlen andere Ideen. Offensichtlich wird damit aber auch die Trägheit, der Energieinhalt eines rotierenden Systems erfaßt - warum also sollte der Spin, die energetische Verzweigung, dann nicht mit *träger Masse* oder *Energie* identisch sein?

Auf den Spin, der die Symmetrieeigenschaften enatiomorpher Energiezustände charakterisiert, kann vor einer Zustandsbestimmung oder „Messung" der Begriff *Richtung* - der eigentlich nur *Unterscheidung* meint - noch gar nicht sinnvoll angewendet werden. *Das heißt, daß alles eins ist*, und eine mögliche Unterscheidung erst durch eine Korrelation präpariert wird. Damit findet eine *Aus-Richtung* zwischen der materiellen Struktur und dem Licht statt, wobei sich immer nur zwei abstraktentgegengesetzte Zustände (enantiomorphe Zustandspaare) *voneinander* und von beliebigen anderen Paarzuständen unterscheiden lassen. Diese Zustandpaare werden ganz beliebig mit *Spin up* ▲ / *Spin down* ▼ oder *Spin links* ◄ / *Spin rechts* ► usw. bezeichnet.

Das bedeutet, daß jedes Quantum Energie eine zweidimensionale enantiomorphe Symmetrie zeigt, die erst durch eine Korrelation mit einem anderen zweidimensionalen Antisymmetriezustand in Relation gesetzt werden kann. Erst daraus kann eine „Unterscheidung" abgeleitet werden, die jedoch keine weitere „Information" als die enthält, daß beide Zustände zueinander enantiomorph (orthogonal) sind. Was dabei „gemessen" wird ist nichts quantitatives - sondern eine Qualität. Und zwar immer die gleiche, aber niemals dieselbe (wie die des messenden Systems).

Stellen wir uns nun vor, daß Licht an einem speziellen Strahlteiler so aufgespalten wird, daß die „beiden" reflektierten Strahlen B1 und B2 sich in entgegengesetzte Richtungen entfernen (Skizze 16). Nach einem Jahr wird eine Polarisationsmessung ausgeführt. Beide Strahlspitzen haben dann eine Gesamtentfernung von 2 Lichtjahren. Wird nun durch eine Messung festgestellt, daß der Zustand des „Teilchens B1" mit ▶ charakterisiert werden kann, muss das zwei Lichtjahre entfernte „Teilchen B2" *augenblicklich* in den entgegengesetzten Spinzustand ◀ gesprungen

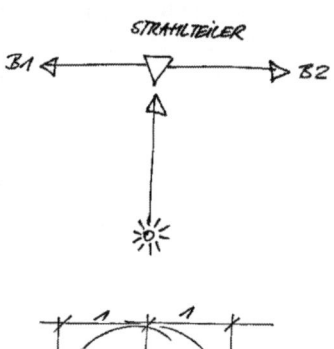

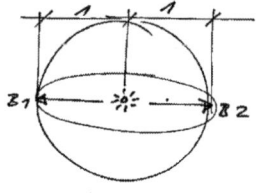

sein. Das, so machte Einstein 1935 mit dem EPR- Paradoxon[17] deutlich, widerspricht der speziellen Relativitätstheorie, da physikalische Wirkungen dann instantan übertragen werden müßten. Die spezielle Relativitätstheorie hatte aber überzeugend gezeigt, dass kein *materieller Körper* die Lichtgeschwindigkeit erreichen oder gar überschreiten kann. Also, schlussfolgerte Einstein, muss die Quantenphysik unvollständig sein, wenn sie diesen Widerspruch nicht erklären kann...

Das alles stellt aber kein Problem mehr dar, wenn es nicht um Körper geht, sondern um energetische Antisymmetriezustände; und auf solche Zustände ein Bezugssystem angewendet werden kann, in dem zwischen den beiden orthogonalen oder enantiomorphen Zuständen gar kein geometrischer Abstand existiert, auch wenn es insgesamt - wie die Lichtpotentialkugel - eine „Ausdehnung" hat. Das ist nur eine Frage des Maßstabes, und ob solche *quantitativen* Maßstäbe überhaupt angewendet werden können. Für Licht ist das nicht der Fall. Das Bezugsystem, von dem hier die Rede ist, ist Einsteins gleichzeitiger Raum. Es betrifft die Lichtenergie am Doppelspalt oder nach einer Reflexion am Spiegel oder an Materie - *nach* einer Verzweigung, die „Messung" oder nicht-effektive Wechselwirkung genannt werden kann, aber noch *vor*

---

[17] Einstein-Podolski-Rosen-Paradoxon (benannt nach Einstein und seinen Ko-Autoren). Im Original werden zusammenstoßende Elektronen verwendet, die sich dann voneinander entfernen.

einer effektiven Wechselwirkung. Das heißt, daß es für enantiomorphe, interferierende  Energiezustände keinerlei Abstand im geometrischen Sinne gibt und keine Zeit vergeht. Beide Parts - das gesamte „Lichtmolekül" - nehmen den „gleichen Raum" ein, durchdringen sich störungsfrei, sind eins.

*John Bell* führte 1953 den mathematischen Beweis, dass jede Realitäts- Auffassung, die von *räumlich getrennten* lokalen Entitäten (Teilchen) oder objektiv definierten Spinrichtungen (Eigenschaften) vor der Messung ausgeht, sowohl mit den Experimenten als auch der Quantentheorie unvereinbar ist. Das zeigte noch einmal eindringlich, dass die praktisch nichtlokal-korrelierende Mathematik der Quantenphysik im Prinzip zwar richtig, aber die damit verbundenen diskreten Partikelvorstellungen völlig falsch - und auch nicht mit der Relativitätstheorie verträglich - sind. Physikern ist es bisher nicht gelungen, dieses Rätsel zu verstehen, bei dem entweder der Begriff der „lokalen" Realität (der vollkonturierende Körperbegriff) oder der Begriff der „Lichtgeschwindigkeit" aufgegeben werden muß. Wir plädieren für beides:

Bells Theorem beweist, daß es keinen Sinn mehr macht, ein (interferierendes) *Energiequantum* als Zweiteilchensystem aufzufassen, in dem sich jedes Teilchen mit jeweils 50% Wahrscheinlichkeit an einem der beiden Orte im Raum - getrennt durch einen mit Lichtgeschwindigkeit unüberwindbaren Abstand - befindet. Deutlich wird damit auch, dass die beiden Zweige nicht nur „mathematische" Alternativen von Teilchenzuständen sind, sondern eine reale enantiomorphe *Ganzheit* bilden. Das Areal der Interferenz kann also beliebig groß sein, aber Raum oder räumliche Ausdehnung (in mehr als zwei Dimensionen) kann damit noch nicht definiert werden.... Lichtquanten, Elektronen oder Atome haben dann nichts mit einer „submikroskopischen Ebene" der Natur zu tun, sondern mit Antisymmetrie oder enantiomorphen Verzweigungserscheinungen - und die haben nichts mit Maßstäben zu tun. Es sind einfach *qualitative* Phänomene. Diese Vorstellung ist nicht so absurd, wie sie scheint: Ein Wasserstoffatom könnte dann so groß wie das ganze Universum sein, ein gelöstes Gold-Atom einen ganzen Ozean einnehmen und das Duftmolekül eines Schmetterlings mehrere Kilometer Durchmesser haben..

Die einzigen Dinge, die je universal sein
können, sind maßstabsübergreifende
Dinge (Mitchell Feigenbaum 1986)

## 9. Die nicht-effektive Wechselwirkung

Mit der „Messung" an einem Quantensystem wird *keine* effektive Wirkung oder ein mysteriöser „nichtlokaler Einfluß" mit Überlichtgeschwindigkeit von A nach B übertragen, sondern - wie am Doppelspalt - eine enantiomorphe Verzweigung erzeugt. Es findet eine nicht-effektive Wechselwirkung mit (und in) einem System statt, daß sich als enantiomorph beschaffen erweist. Das folgende Beispiel aus der Teilchenphysik zeigt, was bei einer Spinmessung vorgeht - und daß es nicht um Körper, sondern nur um zweidimensionale enantiomorphe Eigenschaften geht. Wir folgen der Darstellung, die Roger Penrose[18] gegeben hat: Ein Spin-Null-Teilchen (Photon) zerfällt in Elektron und Anti-Elektron (Positron), die sich in entgegengesetzte Richtungen entfernen. Elektron (E↑) und Positron (P↓ ) haben einen zueinander entgegengesetzten Spin, denn die Summe muss aus Gründen der „Impulserhaltung" Null ergeben. Die Richtung der Pfeile hat überhaupt keine Bedeutung hat außer die, dass es antisymmetrische, orthogonale Zustände sind, die sich nur *relativ* aufeinander beziehen (zwei zusammenhängende Kreise schwarz und weiß würden theoretisch auch genügen).

Angenommen, wir würden unsere Spinmeßgeräte so eingestellt haben, daß sie zufällig in der richtigen Richtung (Auf/ Abwärts) messen. Dann können Elektron und Positron immer noch *zwei* unterscheidbare Zustände zeigen (↑↓). Diesen Zusammenhang drückt der mathematische Formalismus - wie am Doppelspalt - als *komplexe Summe* aus. Sie beschreibt den Quantenzustand Q, der aus einer Überlagerung von zwei potentiellen, auf jeden Fall aber *entgegengesetzten* Zuständen besteht:

$$Q = (E↑ \times P↓) - (E↓ \times P↑)$$

Um die elementaren Antisymmetriephänomene deutlicher zu machen, werden wir Penroses Darstellung vereinfachen. Das Elektron wird weiß dargestellt ◢, das Antielektron schwarz ▼. Bedingung ist nur, daß die

---

[18] Roger Penrose: Computerdenken. S.275 ff.

Pfeilrichtungen bei Antisymmetrie-Paaren immer in entgegengesetzte Richtungen zeigen, um die enatiomorphe Relativität bzw. Entgegengesetztheit auszudrücken. Der Quantenzustand Q kann dann so dargestellt werden (die Multiplikationszeichen lassen wir wie üblich weg):

Q = ▲▼ - ▼▲ (das entspricht der Schreibweise oben)

Da wir unsere Meßgeräte nur zufällig ausrichten können, könnte es ebenso sein, daß wir z.b. nur rechts/ links Spins oder eine völlig andere enantiomorphe Kombination messen. Der unbestimmte Spin-Zustand des Quantensystems vor einer Messung muß deshalb mathematisch als Überlagerung *aller* möglichen Richtungszustandspaare oder *Paar-Unterscheidungen* aufgefaßt werden - was nur bedeutet, dass jeder messbare Zustand immer aus entgegengesetzten, enantiomorphen (orthogonalen) Zuständen bestehen wird, und zu jedem anderen meßbaren Zustand enatiomorph (othogonal) sein muß. Witzigerweise messen wir damit eigentlich *immer* „rechts/links" spins - im Sinne des Handschuhs, der rechts oder links herum gekrempelt sein kann. Der überlagerte Quantenzustand, der alle Möglichkeiten enthält, ist also nur eine quantenmathematische Umschreibung für immer zweidimensional-enantiomorphe Symmetrieeigenschaften in der Natur.

Den Spin eines Elektrons oder Positrons zu messen, ist übrigens nur *theoretisch* möglich. Das zeigt eine einfache Übelegung: Wenn Interferenzerscheinungen auch für Elektronen gelten, müssen sie sich wie Licht im Doppelspaltexperiment verzweigen und dennoch ein Ganzes bleiben. Der Quantenzustand eines Elektrons muß dann selbst aus Antiparts bestehen, die selbst wieder nur „Elektron" und „Anti-Elektron" genannt werden können. Deshalb erscheinen Elektronen *immer* polarisiert, und das dürfte ein neues Licht auf das Problem der Supraleitung werfen: Der Spin *eines* Elektrons läßt sich ebensowenig messen, wie der des Anti-Elektrons - denn beide zusammen sind der Spin, sind *die Verzweigung*.

Da jedes der „beiden Teilchen" zwei mögliche Zustände zeigen kann, muß das Quantensystem *Elektron/Positron* als Überlagerung von vier Möglichkeiten aufgefaßt werden. Die Unterscheidung *davon verschie-*

*dener* enantiomorpher Zustände muß dann durch eine andere Richtung des Spins symbolisiert werden (Spinrichtung hat keine andere Bedeutung als *Unterscheidbarkeit von Entgegengesetztheit*). Elektronen oder Positronen mit rechts- oder links spin können dann z.B. als Überlagerungen von „neuen" Positron/ Elektronen-Paaren *mit dazu entgegengesetzten* Spins aufgefaßt werden. Das drückt aus, daß Elektronen und Positronen sich tatsächlich immer weiter enatiomorph verzweigen können. Nehmen wir nun an, daß wir rechts/links Spins (Q = ▷◀ – ◁▶) messen wollen, und das die Elektronen (Antielektronen) selbst aus Elektronen-Antielektronen-Paaren mit dazu entgegengesetztem Spin, zum Beispiel aus up/down Spins bestehen:

Elektron mit Rechtsspin ▷ = ▲+▼
Elektron mit Linksspin ◁ = ▲-▼
Anti-Elektron mit Rechtsspin ▶ = ▲+▼
Anti-Elektron mit Linksspin ◀ = ▲-▼

Diese vier Gleichungen werden in die rechts/links Q-Zustandsgleichung eingesetzt:

$$Q = ▷◀ – ◁▶$$

Einsetzen:   $Q = ▲+▼ \times ▲-▼ – ▲-▼ \times ▲+▼$

Ausmultiplizieren:

$$Q = (▲▲ + ▼▲ - ▲▼ - ▼▼) – (▲▲ - ▼▲ + ▲▼ - ▼▼)$$

$$Q = ▲▲ + ▼▲ - ▲▼ - ▼▼ - ▲▲ + ▼▲ - ▲▼ + ▼▼$$

$$Q = ▲▲ - ▲▲$$
$$+ ▼▲ + ▼▲$$
$$- ▲▼ - ▲▼$$
$$- ▼▼ + ▼▼$$

$$Q = 2\,▼▲ - 2\,▲▼$$

$$Q = -2\,(▲▼ - ▼▲) \qquad = ▷◀ – ◁▶ \text{ (wie zum Anfang)}$$

Der Quantenzustand, der willkürlich als Überlagerung von Elektronen/ Antielektronen mit *up/down* spins aufgefaßt wurde, war Q = ▲▼ - ▽▲ (Seite 73). Offensichtlich ist der Quantenzustand *up/down* mit dem Quantenzustand *rechts/links* ▷◀ – ◀▶ völlig identisch - bis auf den *„unbedeutenden Faktor -2"* (Beispiel und Zitat: Roger Penrose[19]).

Ist er wirklich unbedeutend? Der ursprüngliche Quantenzustand ($\uparrow\downarrow$) hat sich durch diese Operation verdoppelt und nimmt das umgekehrte Vorzeichen an. Obwohl das *„einfachste Algebra"* (Penrose) ist, ist das ein fast schon ein mathematischer „Beweis" für die Behauptung, dass sich ein *beliebiger* Quantenzustand durch eine nicht-effektive Wechselwirkung in enantiomorphe Energie-Entitäten verzweigt - unter Beibehaltung der Antisymmetrieeigenschaften verdoppelt, aber dennoch ein Ganzes bleibt.

Was also haben wir eigentlich getan? Wir haben mit dieser Operation eine *inverse Spiegelung* (-2 r) durchgeführt und damit eine Verzweigung erzeugt - einfach dadurch, indem wir tiefere enantiomorphe Spins postulierten (r ist der Radius dieser „Drehung" mit dem Einheitsmaßstab 1). Wir haben den Ball umgekrempelt, der nun von „innen" (rechts) und „außen" (links) zugleich sichtbar ist - und damit eher einem Molekül gleicht. Das ist ein neues Bezugssystem.

Wenn wir eine beliebige „Messung" an einem Quantenzustand ausführen, korrelieren wir es also mit dem Meßgerät und *erzeugen* dadurch eine enantiomorphe Verzweigung, die auch *zum Bezugssystem* enantiomorph ist. Physikalisch werden damit „zwei" *enantiomorphe Systeme* (Meßgerät/materielle Struktur und Energie) miteinander korreliert. Das erzeugt eine energetische Verzweigung des Gegenstandes (Polarisation). Das ist die „Anregung" oder Interferenz des Photons oder des Elektrons - aber noch keine effektive, strukturverändernde Wechselwirkung. Wenn wir nun eine Idee hätten, warum Photonen keine Ladung haben (oder Elektronen immer eine Elementarladung zeigen), könnten wir umgehend behaupten, daß Licht, Elektronen und Antielektronen immer dasselbe - nur aus verschiedenen Perspektiven - sind.

---

[19] Roger Penrose: Computerdenken. Spektrum-Verlag 1991. S.276

## 10. Avogadro, Einstein, Feigenbaum

Das alles wird auch durch die Schrödinger-Wellengleichung, die in der Quantenmechnik Wahrscheinlichkeitsfunktion heißt, mathematisch ausgedrückt. In ihrer einfachsten Form gilt sie auch für Photonen. Am Doppelspalt haben wir gesehen, daß diese Funktion immer den Bereich - oder den physikalischen Zustand - zwischen Emission und Absorption, *zwischen* strukturellen Veränderungen modelliert. Das Gleiche gilt für das Atom. Die Schrödingergleichung beschreibt das interferierende Quantensystem, z.B. die Interferenz des Lichts im Doppelspaltexperiment vollkommen determiniert, aber diese Beschreibung existiert außerhalb der Zeit oder zeitlich unbefristet, bis eine effektive Wechselwirkung stattfindet. Denn Zeit, so haben wir bei Einstein gelernt, kann nur durch effektive Ereignisse definiert werden. Irgendwann müßte also die Interferenzvorstellung auf eine lokale, effektive Wechselwirkung reduziert werden können.

Dafür gibt es zwar eine mathematische Beschreibung, aber keine physikalische Theorie. Die Quantentheorie hat überhaupt keine Erklärung dafür, wie und warum plötzlich das nichtlineare Verfahren der Zustandsreduktion - oder der Wellenkollaps des Interferenzmusters - stattfinden sollte. Die Theorie verzichtet ausdrücklich auf eine solche Erklärung. Die Zustandsreduktion oder den Wellenkollaps müsse man einfach hinnehmen, damit die deterministische, aber zeitlos (linear) existierende Zustandsbeschreibung der Schrödinger-Gleichung durch die dann besser passende punktförmige newtonsche Objektbeschreibung abgelöst werden kann. Zwischen beiden Beschreibungsarten gibt es bis heute keinen logischen Zusammenhang. Physiker gehen einfach von der einen Art zur anderen Art der Mathematik über, und damit hat sich's. Den Rest erledigt die Statistik...

Da die Körpervorstellungen während des Überlagerungsvorgangs versagen, der physikalische Körper am Rande dieser Erscheinung aber als ontologisch gilt, wird die Wellenfunktion quantenmechanisch als

76

Wahrscheinlichkeitsfunktion interpretiert. Erst ihr Absolutquadrat sei ein Maß für die Wahrscheinlichkeit, mit der ein Elektron in einem bestimmten Bereich (lokal) angetroffen oder ein Quantum Licht-Energie registriert werden könne (Max Born 1926). In dieser Interpretation gilt die Wahrscheinlichkeitswelle nicht als real existierend, hat keine ontologische Qualität. Mit dem Modell der energetischen Verzweigung kann das nun anders gesehen werden:

Wenn energetische Verzweigungen völlig real existieren (werfen sie einen Blick in die Natur, schauen sie in den Spiegel oder führen sie das Doppelspaltexperiment aus), stellt die Wellenfunktion des Lichts ein real existierendes, verzweigtes (selbstdifferenziertes) und ganzheitliches Energiepotential für mögliche Wechselwirkungen (Entladungen) dar. Es hat keine quantiativen, sondern nur qualitative Eigenschaften - deshalb kann weder von Größe, noch von Zeit gesprochen werden. Dieses Energiepotential kollabiert bei einer effektiven Wechselwirkung *lokal* und überträgt Lichtenergie an Materieenergie. Bei der Absorption von Licht verzweigt sich die Elektronenstruktur weiter (tiefer). Das gleiche gilt umgekehrt für die Elektronenstruktur des Atoms: Sie kollabiert lokal, setzt eine Verzweigung zurück und gibt diese Energie als Lichtenergie frei. Diese Lichtenergie verbindet Materieenergie, also müssen am Rande dieses Prozesses immer *zwei* Materieenergiestrukturen stehen.

Der Zusammenbruch des Energiepotentials am lokalen Punkt der Wechselwirkung - der unbestimmt groß sein kann - wird mathematisch durch die Quadrierung des *Absolutbetrages* der komplexen Wellenamplitude modelliert. Schaut man sich diesen Vorgang auf der Gaussschen Ebene an, wird damit der Abstand zweier enantiomorpher Größen (einer komplexen Zahl) zu einem gemeinsamen Referenzpunkt ermittelt. Geometrisch kann das als *zweite* inverse Transformation des enantiomorphen Bezugsystems aufgefaßt werden (ausgehend von der umgekrempelten Kugel, die als dann Molekül erscheint und damit erneut gespiegelt wird).

Mit der Quadrierung einer komplexen Zahl wird die Verzweigung mit sich selbst multipliziert – und so die Orthogonalität ihrer Komponenten verwischt. Aus dieser neuen Perspektive erfährt die Verzweigung einen

Kollaps und erscheint als Einfaltung. Im dazu entgegengesetzten Bezugsystem (das bisher allerdings fehlt) müßte dieser Kollaps als Ausfaltung einer Verzweigung erscheinen. Ziel müßte es also sein, einen sochen relativistischen Wechsel des Bezugssystems - beide sind jedoch enatiomorph - auch mathematisch zu modellieren. Anzunehmen ist, daß die mathematische Quadrierungsoperation das System verdoppelt, also eigentlich ein neues Bezugsystem schafft, daß nun die zwei enantiomorphen Materienergie-Systeme umfaßt, die zur Beschreibung dieses Prozesses nötig sind.

Schrödingers Wellengleichung bezieht sich ursprünglich auf die energetische *Struktur des Wasserstoffelektrons.* Wasserstoff hat zwar nur ein Elektron, aber dieses Elektron zeigt abhängig von der Energie verschiedene räumliche Strukturen. Diese Strukturen werden bisher als Räume gleicher Aufenthaltswahrscheinlichkeit des Elektrons interpretiert. Offenbar finden wir hier die tieferen Verzweigungen des Elektrons wieder, die wir im vorigen Kapitel besprochen haben. Da Elektronen selbst enatiomorphe Zweige sind (und weiter verzweigt werden können), kann ihr Energiewert nie Null sein – das ist auch ein Verweis auf die Herkunft des Heisenbergschen Unbestimmtheitsprinzips. Verzweigung *ist* Energie.

Die einzelnen Elektronenorbitale - die eigentlich eins sind - werden durch Stellen der Schwingungsauslöschung (wie die Knoten einer Saite oder die ausgelöschten Stellen im Taschen-Lichtspaltexperiment) voneinander getrennt. Im Grunde gleichen sie damit schon enantiomorphen Energiezellen und stellen die möglichen, angeregten Elektronen- Energiezustände des Wasserstoffatoms unter Resonanzbedingungen dar. Die Resonanzbedingung wird durch ein Potential aus positiver Energie erzeugt, die das positive Proton (den positiv geladenen Atomkern) symbolisiert.

Im Prinzip modelliert Schrödinger damit eine Art stehende Resonanz- oder Schwingungsfigur, die man sich allerdings nicht im *dreidimensionalen physikalischen Raum* vorstellen darf, sondern nur in einem abstrakten, *mehrdimensionalen* mathematischen Raum, der durch bestimmte Dimensionen aufgespannt wird, und für den - wie gesagt - kei-

*ne Zeit* vergeht.[20] Das veranlaßte Einstein zu der sinnierenden Bemerkung: *„So merkwürdig es ist, ein Feld im q-Raum einzuführen, so erstaunlich ist andererseits die Leistungsfähigkeit dieses Gedankens"*[21]. (q-Raum ist ein Begriff für Ortsraum, denn in den Gleichungen ist q der Ort eines Elektrons und p der Impuls. Wir liegen jedoch nicht falsch, wenn wir uns diesen q-Raum einfach als "Qualitäts- oder Eigenschaftsraum" vorstellen. *Phasenraum* ist der korrekte Begriff, den Physiker für solche Abstraktionen verwenden).

Wenn diese Wellengleichung ein Ausdruck für die reale, interferierende Struktur des Atoms ist, können wir aus diesen Merkwürdigkeiten schon zwei Schlüsse ziehen: Ein dreidimensionaler „physikalischer Raum" existiert nicht, und ebensowenig existiert für diese Struktur „Zeit". Wenn Körper- und Raumbegriffe versagen, kann auch nicht mehr zwischen Innen und Aussen unterschieden werden; wohl aber zwischen rechts und links im Sinne des umgekrempelten Handschuhs.

Wir haben es bei den Strukturen des Lichts, aber auch des Wasserstoffatoms immer mit strukturell-enantiomorphen, mit relativen Zuständen zu tun. Sie werden im System der Komplexen Zahlen modelliert, daß *Zahlen* und *Antizahlen* paarweise miteinander verknüpft. Die zugehörigen physikalischen Entitäten könnten also völlig beliebig Elektron/ Antielektron, Energie/ Antienergie, schwarz/ weiß, plus/ minus, Spin up/ Spin down oder auch Yin/ Yang (!) genannt werden - Hauptsache, es sind damit immer echte gespiegelte Entitäten, enantiomorphe Symmetrieparts gemeint. Ob negative Energien nun außen sind, und positive innen, oder umgekehrt (wie Thompson vor Rutherford vermutete) ist relativ, ist nur eine Frage der Definition. Das ergibt ein völlig neues Bild von der Struktur des Atoms.

---

[20] In der klassischen Deutung kann jedes Elektron mit drei Raumdimensionen lokalisiert werden. Abgesehen von der Problematik, daß Schrödingers Wellengleichung eine Lokalisierung des Elektrons an einem bestimmten Ort noch gar nicht zuläßt, können die vielen möglichen Orte *eines* Elektrons jeweils immer mit drei Dimensionen bestimmt werden. Die Elektronenstruktur des Wasserstoffs müßte also in einem 3-dimensionalen Raum existieren, Helium - da es zwei Elektronen hat – benötigt einen 6-dimensionalen, Lithium – mit drei - einen 9-dimensionalen usw.

[21] Zitiert aus Fölsing.

Atome sind dann real existierende Formen verzweigter, strukturierter Energie, die immer enantiomorphe Eigenschaften zeigen. Die äußern sich in der sonst völlig unerklärlichen, vollkommen exakten *Ladungsgleichheit* von Proton und Elektron. Diese enantiomorphen Eigenschaften setzten sich auf *jeder Strukturebene* fort (dem Elektron, Proton, Neutron usw.). Wir können dann annehmen, daß die Dimensionen des mehrdimensionalen mathematischen Raumes die Anzahl der enantiomorphen Verzweigungen (unterschiedlichen Spinrichtungen) charakterisiert.

Schrödingers Wasserstoff-Wellengleichung, deren „entartete" Zustände nichts anderes als zellartige Verzweigungen von Energie sind, zeigt dann beinahe schon die ganze Beschaffenheit der energetischen Strukturen, die wir Atome nennen. Es versteht sich von selbst, daß energetische Strukturmodelle mit entsprechenden Interpretationen Realität beanspruchen dürfen - nur, daß sie keine vollkonturierten Körper sind und demzufolge auch nicht im „üblichen" dreidimensionalen Raum existieren. Der übliche dreidimensionale, euklidische Raum ist der absolute Raum Newtons, von dessen Existenz nicht mehr sinnvoll gesprochen werden kann, wie die schon spezielle Relativitätstheorie zeigt. Er ist nichts weiter als das (enantiomorphe) Produkt unserer Körper-Unterscheidungsoperationen, der Hintergrund der Körpervorstellung. Dennoch können wir, wie die Natur zeigt, durchaus von Ausdehnung und von Abständen sprechen, mit denen ein Abstand in allen möglichen Richtungen - und damit Raum - definiert werden kann, die Frage ist nur, was Dimensionen jetzt noch bedeuten sollen...

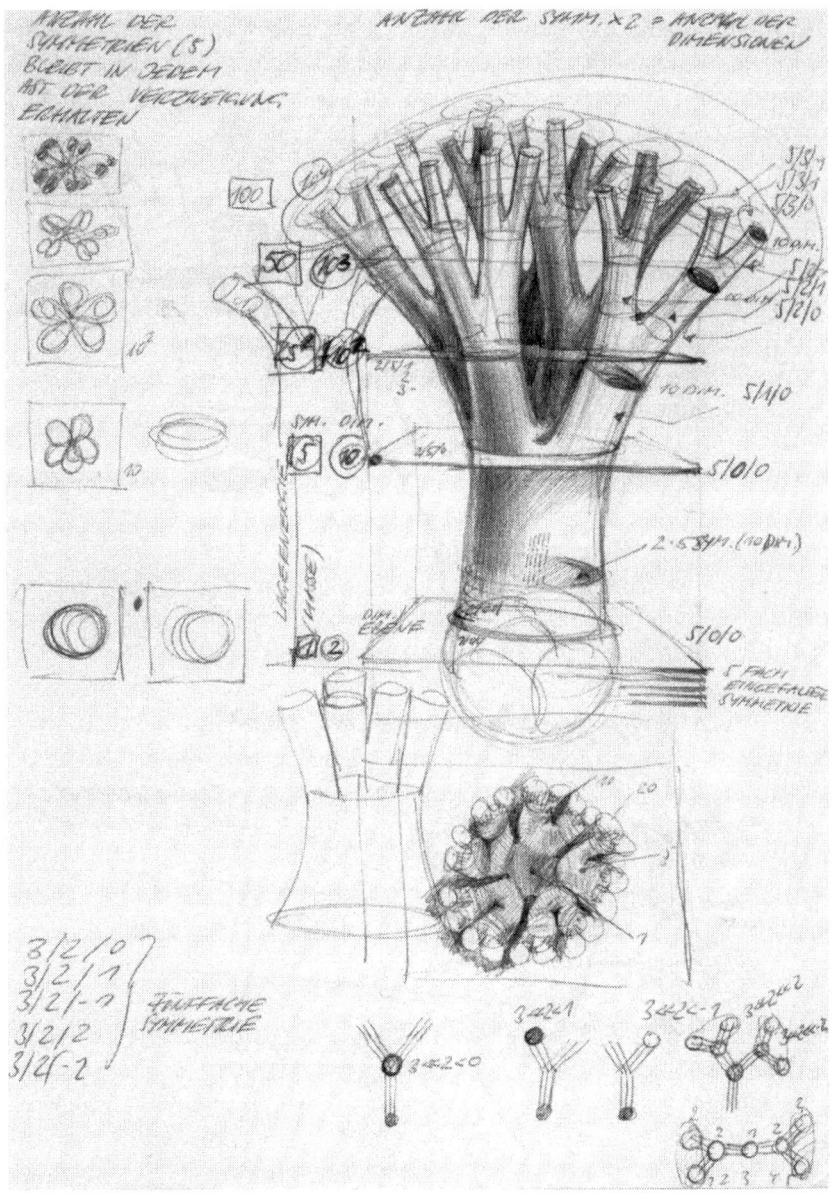

Skizze 17: Das Atom - eine energetische Verzweigung. Skizzenbuch 1998

Wenn Materieenergie nichts anderes ist als Energie, die sich auf engstem Raum konzentriert, wie Einstein vermutete; muß die zunehmende energetische Verzweigung eine Verdichtung der Energie bewirken. Die physikalischen Modelle dafür sind eigentlich schon da:

- Die Verkürzung der Maßstäbe findet sich in der speziellen Relativitätstheorie
- Die maxwellsche Theorie bzw. die elektromagnetische Induktion sagt etwas aus über den Wechsel von enantiomorphen Bezugssystemen
- Avogadro und Einstein liefern Hinweise für anschauliche Vorstellungen
- Feigenbaum liefert die quantitative und qualitative Beschreibung des Prozesses

Wie wir seit Einstein wissen, *ist* Masse nichts anderes als Energie, geteilt durch das Quadrat der „Lichtgeschwindigkeit". Die Frage ist eben nur, was Lichtgeschwindigkeit bedeutet, wenn von Bewegung *im Sinne von Ortsveränderung* nicht mehr gesprochen werden kann. $E/c^2$ (Masse) kann dann nur die beiden enantiomorphen Parts der energetischen Verzweigung charakterisieren, und „erklärt" damit auch, was Energie ist - warum träge Masse mit (Licht) Energie invers (enantiomorph) identisch ist. Im Grunde könnten wir $c^2$ dann durch $i^2$ ersetzen ($E = mi^2$ oder $E = -m$). Das ist nicht mehr als eine qualitative Aussage: Träge Masse ist Strukturmasse, der Energiegehalt eines enantiomorph verzweigten energetischen Systems. Die hängt von der *Anzahl* und der *Hierarchie* der Verzweigungen in einem relativ dazu ruhenden (energetisch gleichwertigen) Bezugssystem ab.

Die Verkürzung der Maßstäbe und die Dehnung der Zeit erscheinen aus der Pespektive eines invarianten Bezugssystems als rein kinematische Effekte, als Folge der (mechanischen) Relativbewegung von Körpern bzw. von starren Maßstäben. Denkt man jedoch nicht mechanisch, ähnelt das einer Verschiebung der „energetischen" Perspektive: Damit werden zwei energetische Bezugsysteme zueinander in Beziehung gesetzt, die gemeinsam einer Symmetriebedingung genügen müssen - die sich hinter der „Konstanz" der Lichtgeschwindigkeit verbirgt. Es ist das Prinzip der enantiomorphen Verzweigung, deren Energiesumme der Symmetriebedingung Null genügen muß.

Erinnern wir uns an Avogadros *ursprüngliche* Molekül-Hypothese (1811). Ihr lagen die Experimente von Gay-Lussac zugrunde, der die Volumina von Anfangs- und Endprodukten gasförmiger chemischer Reaktionen bei konstantem Druck und gleicher Temperatur untersuchte. Gay-Lussac ermittelte, dass sich ein Raumteil Chlor mit einem Raumteil Wasserstoff immer zu 2 Raumteilen Chlorwasserstoff verbindet. Avogadro nahm nun an, daß gleiche Volumina *verschiedener* Gase bei gleichem Druck und gleicher Temperatur immer die *gleiche Anzahl von Teilchen* enthalten. Daraus folgerte er messerscharf, daß sich die Teilchen während der Reaktion *geteilt* haben müssen. Avogadro sprach in diesem Zusammenhang von *integrierenden* Molekülen (molécules intégrantes). Davon unterschied er die Elementarmoleküle (molécules élémetaires), die dazu nicht in der Lage waren (alle Metalle) und die komplexeren Verbindungen (moleculés constituentes).[22]

Das war eine außerordentlich bemerkenswerte Schlussfolgerung. Sie erinnert an die Teilung einer Zelle, unsere anschauliche Metapher für enantiomorphe Selbstdifferenzierungs- und Strukturierungsprozesse. Erstmalig finden wir sie auf der Ebene der Materiestrukturen wieder – schon 1811. Avogadros Hypothese bewährte sich ausgezeichnet, aber schien seinen Zeitgenossen wohl doch zu merkwürdig - sie wurde 50 Jahre lang vergessen. Später wurde die Nützlichkeit dieser Hypothese zwar anerkannt, aber deutlich anders interpretiert: Die Atome eines Gases würden sich nicht teilen - das erschien vermutlich absurd - sondern wären bereits *doppelt* vorhanden: Gase sollten schon immer aus Molekülen bestehen, die aus *zwei gleichen Atomen* zusammengesetzt seien. Nun, das ist auch eine (und die offiziell geltende) Erklärung, aber womöglich geht uns dadurch der eigentliche Witz der Sache verloren...

Wenn Avogadros Hypothese im ursprünglichen Sinne gedeutet wird, muß ein Molekül ein Atom sein, daß sich während der Reaktion *geteilt* hat – ein „angeregtes" Atom im Sinne der Quantentheorie. Die Zahl der

---

[22] Entdeckt in und zitiert aus: Kleine Enzyklopädie - Struktur der Materie. VEB Bibliographisches Institut Leipzig 1982

angeregten Verzweigungen eines Gases - eigentlich eines Gasatoms - und damit auch *sein Volumens* hängen dann nur noch von Temperatur und Druck ab. Also müßten sich die Parts eines Moleküls immer enantiomorph zueinander verhalten - und zur Interferenz bringen lassen. Das gilt nicht nur für die Zellbildung von Gasen in der Physik, sondern auch in der Biologie. Dieses enantiomorphe Prinzip muß sich auf allen Ebenen der Strukturbildung fortsetzen: Also muß auch jede biologische Zelle zu jeder anderen Zelle „orthogonal" (enantiomorph) sein, jede Zelle ist dann „Antipart" einer jeden anderen Zelle - wobei es noch eine Hierarchie der Verzweigung geben muß.

Auch die Maxwellsche Feldtheorie liefert Hinweise: Elektromagnetische Energie läßt sich zweidimensional enantiomorph charakterisieren. Das sind die *elektrischen* und *magnetischen* Felder - die dann geometrisch-inverse Formen voneinander sein müßten. Der elektrische Antisymmetriekollaps (der elektrische Strom) induziert die Auffaltung einer dazu enantiomorphen Antisymmetrie-Verzweigung (ein Magnetfeld), der Kollaps des Magnetfeldes ein elektrisches Feld. Die elektrische Verzweigung hat nur scheinbar eine Richtung; in Wirklichkeit hat sie zwei Referenzpunkte (Plus und Minus), ebenso wie die magnetische Verzweigung (Nord und Südpol). Elektromagnetische Erscheinungen werden durch eine Relativbewegung zwischen materiellen Energiestukturen hervorgerufen, was eine „Bewegung" im Sinne von Strukturveränderung (Verzweigung oder Kollaps) hervorruft. Umgekehrt ruft eine Strukturveränderung dieser Art Bewegung im Sinne der Mechanik hervor. Aus der Perspektive des materiellen Systems findet damit ein Wechsel zwischen enantiomorphen Bezugssystemen statt. Bezogen auf einen geeigneten Referenzpunkt oder eine Spiegelsymmetrieachse erscheint dies als Oszillation des Lichts:

Der Abstand zwischen wiederkehrenden invarianten Zuständen wird als Schwingungsdauer (Periode), mit Maßstäben versehen als Wellenlänge bezeichnet. Eine energetische Strukturverzweigung verändert nun die Struktur der Energiestrahlung wie bei einer Zellteilung: Das Ganze differenziert sich durch enantiomorphe Verdopplung selbst. Das erscheint als Periodenverdopplung: Eine neue Schwingungsperiode mit halber Frequenz und doppelter Periode *überlagert* die ursprüngliche

84

Schwingung. Das System muß dann zweimal umlaufen, ehe sich ein invariantes Muster wiederholt (auf die gleiche Weise ist übrigens auch Elektronen- oder Materiespin definiert). Bezogen *auf das Ganze* verdoppelt sich damit die Schwingungsperiode. Die Wellenlänge *einer* Schwingung wird kleiner (die Maßstäbe verkürzen sich um die Hälfte) und die Gesamtfrequenz halbiert sich (die System-Zeit dehnt sich auf das Doppelte). Das ganze Gebilde *wächst durch Selbstdifferenzierung* und oszilliert langsamer (Skizze 18).

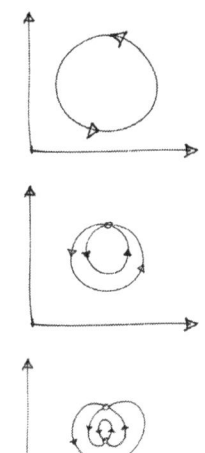

Dieses Phänomen wird bereits durch das universelle Skalierungsgesetz von Mitchell Feigenbaum beschrieben und ist als *Bifurkation* wohlbekannt.[23]
Feigenbaums Entdeckung - die sich nicht auf Licht oder Energie, son- dern zunächst nur auf das Verhalten beliebiger mathematischer Funk- tionen bezog - stieß bei den Mathematikern auf erhebliche Skepsis. Im Grunde besagt sie, daß mathematische Funktionen *beliebiger* Art, die rekursiv auf sich selbst einwirken, immer das *gleiche* invariante Muster erkennen lassen. Bifurkation (Gabelung) bedeutet, daß auf sich selbst einwirkende Systeme *gleich welcher Art* immer nach bestimmten *quali- tativen* Kriterien skalieren bzw. sich selbst differenzieren. Anschaulich gesprochen, teilt sich ein Ganzes wie bei einer Zellteilung in 2, 4, 8, 16, 32 usw. selbstähnliche Formen, die zusammenhängen, sich überlagern und ein kontinuierliches, aber differenziertes Spektrum erzeugen.

Physikalisch bedeutete das, daß sich *völlig verschiedene Systeme* un- abhängig von ihrer stofflichen Beschaffenheit *völlig identisch verhalten* - und eine Art Zellteilungsverhalten zeigen. Feigenbaums Theorie konnte diese Eigenschaften sowohl *quantitativ* als skalierendes, selbstähnli- ches Verhalten der Maßstäbe, als auch *qualitativ* als strukturelle Bifur- kation beschreiben. Das konnten auch die Physiker kaum glauben. Es dauerte zwei Jahre, bis Feigenbaum seinen Artikel veröffentlichen

---

[23] Entdeckt in und zitiert aus: James Gleick: Chaos. Knaur Taschenbuch 1990, S.259 ff. Originalarbeit: Mitchell Feigenbaum: "The Universal Metric Properties of Nonlinear Trans- formations", Journal of Statistical Physics 19 (1978).

konnte (1977). Die experimentellen Beweise für die Richtigkeit und Übertragbarkeit auf physikalische Systeme beliebiger Art stammen aus der Untersuchung von *Fließsystemen*; von Flüssigkeiten, die sich unter dem Einfluß von Wärmeenergiezufuhr (Licht) zu stabilen Wirbelstrukturen und im Gegensinn rotierenden Walzen ordnen - also enantiomorphe Strukturen auf „makroskopischer Ebene" bilden[24]. Dabei darf man sich wieder an Maxwell erinnern, der seine Theorie des Elektromagnetismus 1864 aus Strömungs- und Wirbelanalogien generierte. Die wichtigste Erkenntnis ist also: Interferenz ist das gleiche wie Turbulenz - und beide können als Bifurkations-, energetische Verzweigungs- oder Zellteilungsprozesse verstanden werden...

Was hat das alles mit Spinzuständen und Quantenphysik zu tun? Bei aller Gemeinsamkeit scheint zwischen Licht- und Materieenergie noch immer eine *strukturelle* Verschiedenheit bestehen, die durch den *Spin* charakterisiert wird. Die Bose-Statistik macht deutlich, daß Photonen nicht als einzelne Objekte aufgefaßt werden können, sondern nur als differenzierte Teilzustände innerhalb eines Ganzen, die immer den gleichen, niedrigst-möglichen Energiezustand (relativ zu Materieenergie) einnehmen. Photonenzustände lassen sich auch nach einer vollständigen räumlichen Drehung (inversen Transformation) nicht voneinander unterscheiden. Das kennzeichnet eine Symmetrie- oder Invarianzeigenschaft und wird als *Spin 1* bezeichnet. Übrigens wurde auch der Beitrag des Inders Satyendra Nat Bose 1924 vom Herausgeber der philosophischen Zeitschrift der Royal Society abgelehnt, worauf Bose diesen Beitrag an Einstein persönlich schickte.[25]

Einstein übersetzte diesen Artikel ins Deutsche und sorgte für eine Veröffentlichung. Das besondere an Boses Arbeit war, daß er die Plancksche Formel hergeleitet hatte, ohne von elektromagnetischen Wellen oder Strahlung zu sprechen, indem er Licht - wie Einstein 1905 - als Quantengas betrachtete. Daraus ergab sich die neue Zählweise: Licht war offensichtlich ein energetisches Ganzes, daß irgendwie

---

[24] Entdeckt in und zitiert aus: James Gleick: Chaos. Knaur Taschenbuch 1990, S.259 ff. Originalarbeit: Albert Liebchaber : "Experimental Study of Hydrodynamic Instabilities: Helium in a Small Box." 1979 (?)
[25] Fölsing

selbstdifferenziert war. Einstein hatte die Quanten- Beschaffenheit des Lichts 1905 aus einer Analogie zu den Gasen, der Thermodynamik und zum Boltzmanschen Prinzip abgeleitet, ohne anschauliche Bilder liefern zu können. Boltzmann hatte die (hypothetischen) Atome immer so gezählt, als wenn sie *individuelle Körper* oder Objekte wären. Bose machte nun mit dieser Vorstellung - zumindest statistisch - Schluß, und deshalb inspirierte Einstein Boses Beitrag ungemein: Er übertrug Boses Erkenntnis auf die atomare Struktur der Materie - was ihn zu einer *Quantentheorie des einatomigen idealen Gases* (1924) führte. Einstein sah jetzt eine vollständige Analogie zwischen Strahlung und Materie, zwischen *„Quantengas und Molekülgas"*, die ihn zu einer neuen *„Hypothese über eine gegenseitige Beeinflussung der Moleküle von vorläufig ganz rätselhafter Art"* inspirierte.[26]

Mit dieser Hypothese, die später Bose-Einstein-Kondensation genannt werden sollte, sagte Einstein *Suprafluidität* voraus, das Verschwinden der Viskosität (inneren Reibung) verflüssigter Gase nahe dem absoluten Nullpunkt. Daraus folgerte Einstein, daß nicht nur dem Licht, sondern auch der Materie *interferierende Eigenschaften* (Wellencharakter) zugesprochen werden müssen. Das war der Moment, indem er von *de Broglies* Materiewellenidee erfuhr, und die für ihn sofort einen Sinn machte: In seiner zweiten Abhandlung zum „einatomigen Quantengas" (1925) konnte er zeigen, daß die von ihm prognostizierten Schwankungserscheinungen (Interferenzerscheinungen) mit den von de Broglie postulierten „Elektronen-Materiewellen" identisch waren. Einstein hatte damit so etwas wie eine erste Interferenztheorie der Materie verfaßt.

Kurz darauf, aber völlig unabhängig davon kam Heisenberg mit seiner Matrizenmechanik heraus (1925). Erwin Schrödinger wiederum inspirierte die zweite „Gasentartungsarbeit" Einsteins Ende 1925 unmittelbar zur Ausarbeitung einer (nichtrelativistischen) Materiewellengleichung des Wasserstoff-Elektronenzustandes, die Einstein damit nur knapp verpaßt hatte. Schrödinger verfaßte insgesamt fünf Arbeiten (bis 1926), die wiederum völlig unabhängig von Heisenbergs Ansatz enstanden und auf konventionellen Wellenvorstellungen beruhten. Deshalb dauer-

---

[26] Entdeckt in und zitiert aus Fölsing: S. 653

te es eine Weile, bis überhaupt ein gegenseitiges Verständnis aufgebaut war (Heisenberg: *„Ich finde es Mist"*) und Schrödinger 1927 zeigen konnte, daß beide Ansätze mathematisch äquivalent waren.

Wenn wir Einsteins einatomiges Quantengas in Avogadros ursprünglichem Sinn mit zellartig-enantiomorphen Energiestrukturvorstellungen ergänzen - also als „Energiestruktur-Molekül" auffassen, denn das Wesentliche ist die Verzweigung - kann die Bose-Einstein-Kondensation als Reduktion der energetischen Verzweigungstiefe und als stufenweiser Interferenzkollaps interpretiert werden.

Ein Gas - zum Beispiel Wasserstoff - ist dann tatächlich *immer* ein einatomiges Gebilde, daß sich mit zunehmender Energie (aufgenommener Strahlungsenergie) zellteilend selbstdifferenziert, strukturiert und ausdehnt. Diese Differenzierung gleicht dem Zellteilungsprozess der Biologie - und wird dort Wachstum genannt. Entropie ist dann ein temperatur- und umgebungsdruckabhängiges Maß für die *Tiefe* oder *Differenziertheit* einer energetischen Verzweigung eines Gases, die am absoluten Nullpunkt beinahe völlig verschwindet.

Zunehmende Entropie bedeutet dann zunehmende Selbstdifferenzierung oder immer feinere Verzweigung (und dennoch eine vollkommen strukturierte Ordnung); abnehmende Entropie einen stufenweisen Symmetrie-Kollaps der enantiomorphen Verzweigungshierachie. Der Energiegehalt oder Widerstand gegen Strukturveränderungen einer materiell-energetischen Struktur hängt dann von der Tiefe der energetischen Verzweigungsstufen ab (der Menge der gebundenen Energie), und die vom energetischen Bezugssystem (der potentiellen Licht- oder Strahlungsenergie, denn Wärmeenergie ist auch nur Licht). Das dürfte sich auch auf das Verständnis von Supraleitung, Masse und *Trägheit* auswirken - und auch der Gravitation. Klar wird damit auch, daß ein Gas immer ein einatomiges - eben ganzheitliches - Quantensystem mit selbstähnlichen enentiomorphen Eigenschaften auf jeder Verzweigungsstufe ist.

Elektronen werden - wie alle Materieenergiestrukturen - mit dem *Spin* ½ charakterisiert. Das bedeutet, daß sie energetische Verzweigungen sind, die voneinander verschieden sind. Bei einer inversen Spiegelung (Verzweigung) gehen sie in *entgegengesetzte* Zustände über, sind also nicht mehr identisch. Diese Eigenschaft teilt Materieenergie im Grunde mit der verzweigten Lichtenergie, die aber keine Ladung zeigt und deren Zustände nicht voneinander unterscheidbar sind. Elektronen können jedoch nicht den *gleichen* energetischen Zustand wie Lichtenergie einnehmen, sondern nur tiefere (als Licht) und (voneinander) verschiedene - damit *erzeugen* sie Raum. Das ist Paulis Ausschließungsprinzip. Raum ist hier *Ausdehnung,* die *enantiomorphe Struktur* der Energie, und die ist relativ und maßstabsabhängig.

Die energetische Verzweigung der Materieenergie, die ja immer von Licht bzw. elektromagnetischer Strahlung bewirkt wird, muß demnach durch eine neue Dimension, durch eine neue Verzweigungsrichtung *enantiomorph* zu der des Lichts gekennzeichnet sein: Elektronen sind Verzweigungen, die im Grunde aus *negativen* und *positiven* Energien bestehen. Fallen diese zusammen, wird (neutrale) Lichtenergie frei; wird Lichtenergie absorbiert, entstehen Verzweigungen mit negativer und positiver Ladung (enantiomorphe Energien oder Energie + Antienergie). Verzweigt sich also eine Lichtenergie-Verzweigung *orthogonal* (enantiomorph) zum bisherigen Zustand weiter, kommen zwei neue Dimension hinzu, mit der die ursprünglich ununterscheidbaren Spin1-Zustände unterscheidbar werden. In gewisser Weise kann so von dreidimensional-enantiomorphen Strukturen gesprochen werden (die jedoch selbst in zweifacher, enantiomorpher Ausführung existieren müßten, also eigentlich 6 Dimensionen zeigen). Die Invarianz relational „dreidimensionaler" Asymmetriestrukturen zeigt sich erst bei *zweifacher inverser Spiegelung* um eine (invariante) vierte Dimension.

Das kennzeichnet den Fermionen-Spin der Materieenergie und ist mit den Feigenbaum-Bifurkationen und der Verkürzung von Maßstäben in der speziellen Relativitätstheorie (vermutlich) völlig identisch...

# Literatur- und Quellenverzeichnis

Autorenkollektiv: *Struktur der Materie*. VEB Bibliographisches Institut Leipzig 1982

Baeyer, Hans-Christian von: *Das Atom in der Falle*. Rowohlt Taschenbuch Verlag 1996

Davies, Paul & Brown, Julian: *The ghost in the atom*. Cambridge University Press 1999

Einstein, Albert & Infeld, Leopold: *Die Evolution der Physik*. Rowohlt Taschenbuch 1998

Fölsing, Albrecht: *Albert Einstein. Eine Biographie*. Suhrkamp Taschenbuch 1995

Gleick, James: *Chaos – die Ordnung des Universums*. Droemersche Verlagsanstalt 1990

Greenstein, George: *Die zweite Sonne*. dtv 1991

Gribbin, John: *Schrödingers Kätzchen*. Fischers Taschenbuch Verlag 1999

Gribbin, John: *Auf der Suche nach Schrödimgers Katze*. Piper Verlag 2000

Heisenberg, Werner: *Physik und Philosophie*. Ullstein Verlag 1968

Hey, Tony & Walters, Patrick: *Das Quantenuniversum*. Spektrum Akadem. Verlag 1998

Lorenz, Konrad: *Die Rückseite des Spiegels. Versuch einer Naturgeschichte der menschlichen Erkenntnis*. Piper Verlag 1988

Penrose, Roger: *Computerdenken*. Spektrum Akademischer Verlag 1991

Russell, Bertrand: *Denker des Abendlandes. Eine Geschichte der Pholosophie*. dtv 1991

Stachel, John: *Einsteins Annus mirabilis*. Rowohlt Taschenbuch Verlag 2001

Tarassow, Lew: *Symmetrie, Symmetrie*. Spektrum Akademischer Verlag 1999

## Zitate:

S.38 *"Draußen vor der Kirche..."* (Berkeley´s Zeitgenosse): Zitiert aus "Das Atom in der Falle" S.123

S.54 *"Das die Gravition der Materie innwohnend..."* (Newton): Zitiert aus "Das Atom in der Falle" S.283

S.20 *"Verstünde man wirklich..."* (Wheeler): Zitiert aus "Das Atom in der Falle" S.288

S.32 *"Der eigentliche Witz..."* (Einstein): Zitiert aus "Albert Einstein. Eine Biographie"

S.40 *"Die revolutionärste Entdeckung..."* (Wheeler): Zitiert aus "Atom in der Falle" S.288

S.44 *"Die Menschen sind eben suggestibler..."* (Einstein): Zitiert aus "Albert Einstein. Eine Biographie"

S.50 *"Das ist kein einziger Begriff..."* (Einstein): Zitiert aus "Albert Einstein. Eine Biographie"

S.69 *"Ich glaube, daß unserem..."* (Penrose): Zitiert aus "Computerdenken".

S.74 *"Die einzigen Dinge..."* (Feigenbaum): Zitiert aus "Chaos" S.268

S.78 *"Es liegt doch nur allzu deutlich..."* (Feigenbaum). Zitiert aus "Chaos" S.268

# Danksagung

Vier Personen möchte ich besonders danken - für die Bücher, die sie geschrieben haben:

- *Roger Penrose* für seinen "Neuen Geist", in dem der Wissenschaftler dem Künstler aus der Seele spricht – und ihm einen tiefen Ein- und Überblick über die Erkenntnisprobleme in Mathematik und Physik gibt

- *James Gleick* für "Chaos", der spannenden Geschichte von der stillen Revolution Ende der 70er Anfang der 80er Jahre, dem immer persönlichen Abenteuer der Erkenntnis, vom Sinn der Philosophie und dem Wesen der künstlerischen Auseinandersetzung, und vom System der modernen Wissenschaft

- *Albrecht Fölsing*, aus dessen umfangreichen und gründlich recherchierten Werk der Erkenntnis- und Lebensgeschichte Albert Einsteins sich viele Zusammenhänge erschließen, die in den üblichen Darstellungen völlig verborgen bleiben.

- *Konrad Lorenz* für seine Rückseite des Spiegels - ohne die Geschichte von der taubstumen und blinden Helen Keller wäre ich wohl nie auf die Idee gekommen, daß Denk-Wahrnehmungen Unterscheidungsoperationen an sinnlichen Wahrnehmungen sind, die Teilungs- und Selbstdifferenzierungsprozessen gleichen

## Über den Autor

Mario Wingert hatte seine erste intensive Begegnung mit der Physik im Alter von 16 Jahren, als er nach einem erfolgreichen Abiturpraktikum am Institut für Festkörperphysik beschloß, *nicht* Physik zu studieren: Denn Physiker konnte man offensichtlich nur noch werden, wenn man bereit war, das tiefste Rätsel der Natur zu ignorieren... Auf der Suche nach persönlicher und geistiger Freiheit entschied er sich für sein künstlerisches Talent und studierte Kunst und Design. Bekannt geworden sind seine Stranger-Computerskulpturen, die vor allem eine naturphilosophische Botschaft transportieren: *Es gibt keine Körper...*